# 乡村旅游产业发展研究

詹艳杰◎著

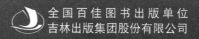

全国百佳图书出版单位
吉林出版集团股份有限公司

**图书在版编目（CIP）数据**

乡村旅游产业发展研究/詹艳杰著. --长春:吉
林出版集团股份有限公司, 2023. 6
ISBN 978-7-5731-3817-0

Ⅰ. ①乡…Ⅱ. ①詹…Ⅲ. ①乡村旅游－旅游业发展
－研究－中国Ⅳ. ①F592.3

中国国家版本馆CIP数据核字(2023)第132088号

XIANGCUN LÜYOU CHANYE FAZHAN YANJIU

# 乡村旅游产业发展研究

著　　者：詹艳杰
责任编辑：欧阳鹏
封面设计：冯冯翼
开　　本：710mm×1000mm　1/16
字　　数：225千字
印　　张：12
版　　次：2023年6月第1版
印　　次：2023年6月第1次印刷

出　　版：吉林出版集团股份有限公司
发　　行：吉林出版集团外语教育有限公司
地　　址：长春市福祉大路5788号龙腾国际大厦B座7层
电　　话：总编办：0431-81629929
印　　刷：长春新华印刷集团有限公司

ISBN 978-7-5731-3817-0　定　　价：72.00元

# 前　言

目前，乡村旅游以其独具特色的乡村民俗、民艺、民族传统文化为根本，以农民自身为经营主体，以城市居民为乡村旅游的主要目标人群，以满足城市居民享受田园风光、回归淳朴民俗的愿景为特色，其社会、经济、文化、环境、生态综合效应十分显著。同时，乡村旅游作为我国加快新型城镇一体化进程的重要手段，对紧密城乡产业关系、增加农民经济收入、解决乡村居民就业、改善乡村基础设施建设，都具有重要的现实意义，是推动实现社会主义新农村建设的有效途径之一。

随着当前社会主义经济的快速发展，城市化不断深入，为了实现共同富裕的目标，乡村的发展也得到了更多的重视和政策上的倾斜。当前不少农村非常注重加强文旅融合，这样一方面可以提升农村当地旅游产业中的文化内涵；另一方面也可以通过自身的文化特色吸引游客旅游，合理利用农村资源，促进乡村旅游产业持续、健康发展，推进美丽新农村建设。

在本书的编写过程中，笔者参阅了国内外大量的相关教材、著作和论文，参考了很多专家、学者的观点，在此一并表示深深的感谢！由于笔者水平所限，加之时间仓促，书中难免存在不足之处，恳请各位专家和读者批评指正，多提宝贵意见，以便再版时修改，使本书日臻完善。

2023 年 4 月

# 目　　录

# 第一章　乡村旅游理论基础

## 第一节　乡村旅游

### 一、乡村与乡村旅游

#### （一）乡村的定义

乡村是居民以农业经济为内容的聚落的总称，也叫作农村。从旧石器时代到新石器时代，农业与畜牧业分离后，人们以农业为主要生计，从而出现了乡村。乡村就是人们在非城市区域从事各种活动，而传统的乡村则与农事联系在一起。虽然农业生产在全世界范围内有所减少，但乡村仍有着较多的土地面积。各国和各地区不同的标准致使乡村的定义也不统一，学者们认为乡村的定义可以从不同角度运用不同方法来阐述，如地区特征、空间决定论等。但是大众理解的乡村是与城市相对立的，它们是一个矛盾统一体，乡村与城市相比较而存在，因此，若要正确的把握与理解乡村的界定必须在与城市的比较中进行由此看来，所谓的乡村，从某种程度上看是指与城市差异较大的地区，这种差异可以从生产、生活方式等多种要素进行比较。在地理学中，城乡越接近证明乡村发展已经到了高级的阶段，也就是说，城乡边界完全消失时，即是乡村发展的最高级阶段。

乡村就是社区，是人类共同生活的场所。又定义了城市是空间，人类在空间中享受共同利益。也有学者从社会学角度探讨乡村的问题，他们认为从二元论的角度来看，城乡间界限明显，传统乡村结构比较单一，有着明显的同质性。城市化让乡村有了较大的改变，传统乡村从农业变成了非农业。因此社会及生态特征都产生了矛盾。一些农民开始进行非生产工作，成为工人、商人，也有的外出打工，甚至有的城市人到农村去定居。这样一来，城市里有了乡村的特征，乡村里也有了越来越多的城市特征。曾经以人口、就业结构、住房满意度、交通格局等指标把威尔士、英格兰地域分成了5种类型，即极度乡村、中等程度乡村、中等程度非乡村、极度非乡村、城市。

许多地区类型既不是完全的乡村，又非完全的城市，可以从典型乡村到典型城市排成一个连续谱，乡村与城市的差异只不过是某种程度上的问题，许多城市郊区和城乡交错区就处于这个连续体中间的位置。社会学中还指出，即使是高度城市化的地区也会有乡村的特征。

对乡村性的定义有3个问题加以讨论：人口密度和规模、传统社会结构和文化遗产问题、土地利用与农林业地位。

由此，每个地区都可以看作是城市性与乡村性的统一体，乡村性强的地区就是乡村地区，即城市性弱的地区；城市性强的地区就是城市地区，即乡村性弱的地区。两者之间是连续的，不存在断裂点。

乡村概念可以对乡村和城市性的连贯来加以描述，对城乡界限规划不清产生的问题进行解决，以此为基础来研究乡村旅游。

**（二）乡村的中心与独特买点：乡村性**

广大学者都将乡村性作为对乡村和乡村旅游概念的解释。客源地的城市性与目的地的乡村性之间的差异是乡村旅游产生的主要动力和源泉，乡村旅游能够生存和发展的基础是乡村性，乡村性是乡村旅游的中心和独特的卖点。

很多学者都认为，乡村性主要体现在乡村农耕文化、聚落建筑、田园景观、民风民俗、传统生活形态上，乡村性是乡村旅游中吸引旅游者的重要内容。乡村性的完整对乡村旅游有着至关重要的作用。从供给角度来分析，乡村性应该具备3个特征：第一，地域辽阔，人口密度小，居民点规模小；第二，土地类型以农业、林业等自然用地为主，建筑物占地面积较小，即具有乡村性的自然景观，经济活动简单，以农业和林业为主，并具有较强的季节性；第三，具有传统社会文化特征，人与人关系密切，家庭观念、血缘观念浓厚，社会行为受风俗、习惯及传统道德约束较大，社会变迁及生活节奏相对缓慢。从需求角度来看，乡村性是乡村旅游的核心吸引力，反映了城市居民回归自然、释放自我的心理需求及对乡村宁静、休闲、淳朴生活的向往。

乡村性包括乡村景观和乡村文化两部分。其中，乡村景观包括聚落建筑、田园景观和生态环境，乡村文化包括农耕文化、生活形态及民风民俗。对东北乡村旅游符号性元素进行了抽取，最终将21个符号性元素分为人的元素和环境的元素这两大类，并最终推导出"乡村性"是作为整个东北地区乡村旅游开发的终极元素。即"乡村性"是乡村吸引旅游者的重要因素，各地区的"乡村性"都能作为其乡村旅游元素来开发。

## 二、乡村旅游的内涵

### （一）乡村旅游的概念

乡村旅游概念界定以乡村旅游经营和管理的构建为理论基础，但因其概念的复杂与广博性，造成了乡村旅游的多元化。对于乡村旅游的概念，国内外学者都有不同的见解，因此分别从这两个角度对其概念进行阐释。

1. 国外乡村旅游的定义

乡村旅游即农场主和农户为游客提供餐饮或住宿，使其能在他们所经营的范围之内进行具有农村特征的活动，是一种休闲、娱乐及度假的行为活动。

乡村旅游是涉及多层面的旅游活动。其中，最具有特点的是体现传统文化的民俗活动。对乡村旅游提出较全面的概念并描述其特性：地处乡村；旅游活动属于乡村，其内容与传统乡村及乡村自然是紧密相连的，规模小；旅游活动可以被当地乡村社区所控制；乡村有着复杂的地域特征，这决定了其类型的多样性。

虽然这些与中国乡村旅游发展的现状及形式有所差异，但却为我国对乡村旅游内涵的理解与未来可持续发展提供了思想借鉴。同时还阐述了乡村旅游与农业旅游、农场旅游之间的关系，并认为后两者才是现在乡村旅游最重要的组成形式。

2. 国外学者对乡村旅游概念的解读

国外学者特别重视乡村旅游概念的相关研究，他们认为这一概念关系着乡村旅游理论体系的构建，较有影响的定义如下。

乡村旅游是指"发生在乡村中的旅游活动"，对于旅游推销的卖点就是它具有乡村性，这也是核心内容。世界旅游组织指出，乡村旅游是游客学习、逗留、体验于乡村或其附近的一种生活模式活动。乡村旅游是旅游的一种，是城市与乡村之间思想观念差异上的一种生活风格。

乡村旅游主要发生在与土地有关联的经济活动的、存在永久性居民非城市地的旅游活动，并认为乡村旅游中必要的条件就是居住着永久性的居民。乡村旅游让农民增加了额外的收入，人们就业机会增多，人口流失状况减少，更新了人们的观念。住在城市的居民可以去乡村体验生活，提高乡村认识。同时也让乡村经济得到了多元化的发展，特别是手工艺改造了基础设施建设。

乡村旅游在德国是指人所居住的农村空间的旅游，包括农林和社区，但是野生地却不在其内。按照世界乡村旅游的总结，它的概念为：乡村旅游经营者、产品与服务（包括旅游活动与食宿等）、乡村吸引力（包括宁静、偏远、自然景观、娱乐等）、乡村旅游地理范围（包括近郊、农村或偏远的野外）。因此，对乡村旅游下定义时要考虑到乡村类型、集中位置、管理及一体化的程度。

把农业旅游、农庄旅游、乡村旅游等不进行区分并相互替代，把传统文化和民俗文化的旅游叫作乡村旅游（Village Tourism）。

乡村旅游存在的问题有许多，即缺少支持、训练、设施与吸引物，利率与效率低下，等等。未来乡村旅游发展的核心是可持续的发展方向和环境问题的解决，可持续即本地化，以满足本地发展需要为开发目的，建设本地产品，鼓励工艺生产，保证留在本地最大化的收益，保证开发力度在社会环境的承载力之内。乡村包括重叠社会空间，它们的行为、思维方式及社会制度均有所不同。乡村的吸引力在于为都市人提供日常生活所没有享受过的东西。乡村旅游被划分为三类即乡村—乡村型，乡村—城市型，城市—乡村型。

3. 国内学者对乡村旅游的解读

我国有诸多学者对乡村旅游进行研究，从文献资料统计中发现，先后三十位学者从不同角度对乡村旅游作出过定义。总体可归纳为4类。

（1）乡村旅游等同于农业观光旅游

早期，我国有研究者对乡村旅游提出的概念并不清晰，思路不明。到了20世纪90年代开始使用"观光农业"指代"乡村旅游"。

乡村旅游指农业生物资源、经济资源，与乡村社会资源统一组成的以景观为对象的旅游活动。

乡村旅游是以农村和农业为媒介，可以满足旅游者进行休闲、度假、观光、娱乐等功能于一体的旅游业。

乡村旅游是以农文景观、农业生态、农事活动及传统民俗为资源保障，融合考察、学习、娱乐、观赏、度假、购物于一体的旅游活动。

乡村旅游是以农业与社会资源为吸引物，以城市居民为市场资源，针对回归自然的需求性旅游，满足游客休闲度假、购物娱乐、观光浏览等需求的具有较强参与性、较深文化性、较浓乡土味的旅游活动。

（2）乡村旅游活动都是乡村旅游

乡村旅游是发生在自然环境与乡村中的旅游活动之和。

乡村旅游是以乡村地域所有吸引游客的资源为凭借，满足他们休闲、度假、观光等旅游需求目的的消费行为。

乡村旅游是所有发生在乡村，以乡村田园风光或其特点为主的民俗、农业民居文化等来吸引游客的旅游形式。

乡村旅游是游客在乡村地从事的一切旅游活动，实现游客对乡村人文的自然感知及体验，以升华人们的精神。

（3）乡村旅游是在乡村中发生，以乡村特色与人文旅游为吸引物的物流活动在对国外乡村旅游进行研究后，借鉴其定义指出狭义的定义是在乡村地，以乡村自然、人文作为旅游吸引物的旅游活动。

乡村旅游是区别于城市的，相对于人造景观与城市景观而言，是以乡村旅游资源为吸引物所开展的生态旅游活动。

乡村旅游是在乡村地开展的，以乡村人居环境、乡村民俗、田园风光、自然环境、农业生产为基础的旅游活动，是以乡村自然与人文景观为吸引物的旅游活动。

乡村旅游是以乡村地和与农事相关的风俗、风景、风土组合的乡村风情来吸引游客观光、体验、休息等的旅游活动。

乡村旅游是以乡村环境与乡村文化为对象的旅游形式。

乡村旅游的动力之源是城市性探源地与乡村性的目的地的级差和梯度，它的生存基础就是乡村性，也是乡村旅游的最大卖点。

（4）从旅游客体与主体需求特征双向定义

前三类都属于旅游客体特征、空间定义的乡村旅游，也有学者对旅游客体与主体间进行双向定义。

乡村旅游是以乡野农村活动和风景为吸引物，目标市场是都市的居民，以满足他们娱乐、休闲、求知的需求的旅游方式。

乡村旅游是以乡村空间为依托，以乡村生产、民俗风情、乡村风光、乡村文化、生活形式等为对象，以城乡差异的特性进行规划设计产品，集娱乐、度假、观光、休闲、浏览于一体的旅游形式。

乡村旅游是以典型乡村景观为吸引点，满足游客求知、求根、求异等需求的旅游活动。

乡村旅游是以乡村景观和传统民俗为资源（包括农业生态、文化景观、农事活动等），融合学习、购物、考察、娱乐、观赏于一体的旅游活动。

乡村旅游是远离都市的乡野地区，以乡村自然与人文景观为吸引物，以城镇为目标市场，满足游客休闲、求知等需求的获取社会经济效益的旅游方式。

## （三）乡村旅游的内涵

通过列举乡村旅游的定义分析，每个学者对乡村旅游定义都各有差异，但总结后其内涵包括3点。

### 1. 从地理空间范围界定乡村旅游

乡村旅游活动的载体必须是乡镇、村落和周边自然的环境，但是这并非指在村落与乡镇发生的一切活动都属于乡村旅游范畴，如村落与乡镇地的游乐场、现代化化疗养园区及主题公园等，这些都不属于乡村旅游活动。另外，城市化与小城镇建设出现了许多乡村性吸引物旅游活动，这些也称作乡村旅游。按照这些界定，后期也有乡村旅游与城市休闲旅游的融合模式。

### 2. 从活动内容界定乡村旅游

挖掘旅游的吸引物要围绕乡村自然、人文景观来进行，依据传统旅游六要素进行乡村旅游产品的开发。按照体验营销方式将传统的观光变成动手去做或游客亲身参与体验。例如，北方乡村旅游接待者会将北方特有的传统加入其中，让旅游者参与包粘豆包，这便是对乡村旅游产品进行综合开发的新思路。

### 3. 从核心吸引力界定乡村旅游

乡村没有城市便利，如交通方面、基础设施方面，也没有太多的消费场所，但是吸引旅游者的正是村落、乡镇和城市的差异性特征，乡村的空气、民风、生活方式、建筑、蔬菜瓜果及自然环境等，对城市旅游者都有着一定的吸引力，也就有了乡村性。有学者认为，乡村性与原真性几乎相同，经常将二者联系在一起。乡村旅游的原真性，以传统乡村为基础，维持原生态，包括民俗文化原生态、自然环境原生态、生产生活方式原生态，在这个系统中，人与人之间、人与环境和谐共生，旅游者所体验的是一种真实性的乡村状态。这里保护乡村环境原真性实质上是对历史真实"原状"的追求，并不是完整的"原状"。

倘若以"乡村性"为评价的标准，则可以从广义和狭义上对乡村旅游的概念分别进行界定。其中，可以引申出两个概念：准乡村旅游和纯乡村旅游。准乡村旅游（如古村落、名山大川和小城镇旅游等非纯粹的乡村旅游）是广义上的概念，纯乡村旅游（如农家乐形式的纯粹乡村旅游等）是狭义上的概念，而乡村旅游相对应的概念是城市旅游。

本质上，乡村旅游是提供给旅游者一种或多种乡村体验和经历的机会，如对农家生活的体验、对民风民俗的追寻，等等。

### （四）乡村旅游的特征

1. 位置性特征

乡村旅游活动的空间主要位于乡村地区，其涵盖范围从近郊到所有农村甚至到最偏远的野外，都可以是乡村旅游的活动区域。

2. 乡村性特征

乡村性在乡村旅游中占有重要地位，它是乡村旅游最独特的卖点及基础条件。乡村性主要表现在 3 个层面上：第一，乡村地域自然生态景观的体现，以乡村环境为依托，这也是明显区别于城市旅游景观的地方；第二，乡村地域独特的产业，这里包括的范围较广阔，有农业、牧业、商业、渔业、林业等，还包括乡村产业所体现出的乡村传统与现代先进的生产方式等；第三，乡村特有的文化特色，它包括隐性与显性文化两种，通过乡村居民、传统生活、风俗节庆、乡土建筑、民间传说等多方面展现出来。

3. 客源的城镇性特征

乡村与城镇之间是相对立存在的，乡村旅游有着自己独特的吸引力，那就是乡村性特征，而乡村风景与风情的产生可以激发城镇居民对乡村旅游的热情。对全国乡村旅游所接待的全部游客数量进行详细分析可以看出，城镇旅游者都是近距离的旅游。但是客源城镇性特征，并非意味着城镇居民是乡村旅游唯一的客源，只是指主体为城镇居民。

4. 多样性类型的特征

第一，乡村旅游资源多种多样，极其丰富，既有乡村风景，如自然环境、田园风光及农事活动，又有乡土文化，保持着乡村的特色，如农业、民俗、民居文化等。第二，旅游主体在需求方面的差异性让乡村旅游产品也具有了多样性的特征。乡村旅游开发也要满足城镇居民娱乐、度假、休闲、观光等多方面的因素，才能持续发展乡村旅游业。

### （五）乡村旅游的功能

#### 1. 乡村旅游的经济功能

乡村旅游对于农民来说是增产增收的重要途径，可以就地转移农村剩余劳动力，是重要的农村产业结构调整方式，更加快了农村经济的发展。

（1）有利于促进农村产业结构的调整

农村资源属于第三产业，乡村旅游的发展可以促进农业产业的调整，推动农业升级。乡村旅游属于后续产业，以传统农业为基础，旅游业发展连带着将第三产业也发展了起来，补充了第一产业，让农村经济变得愈加丰富，推动第三产业的良性发展。

（2）有利于推动农村经济增长的多元化

一般来说，旅游业不只是单一的旅游业发展，它的联动效应要大于其他行业，经过调查显示，旅游业的增加会让就业率升高，为社会创造更多的就业机会。乡村旅游刚刚兴起，创造了更多乡村劳动力的就业机会，而乡村旅游的大发展也推动了周边经济的发展。乡村旅游的市场空间非常大，特别是乡村中的农副产品可以平稳地销售，一些山货、农副产品因为乡村旅游的发展而增加了需求量，因此农村便与周边区域有了长期的合作关系，产业链在慢慢地扩增，最后会形成产业群。

（3）乡村旅游扩大就业机会，促进农村经济文化发展

随着乡村旅游的发展，旅游要素相关行业也发展迅速，这为当地居民提供了大量的就业机会。乡村旅游在目前以农家乐为主，人们在这里吃农家饭菜，感受民俗情怀，从而这种形式一家一家发展起来，带动相关产业，扩大就业机会，人们

有工作也有钱赚，使农村就业形势得到了稳定的发展。与此同时它也促进了乡村文化的发展，乡村旅游改变了农民形象，提升他们的价值观。在城市与乡村间搭建了沟通的桥梁，这是一座经济、文化与人心的桥梁。城市居民在农村感受农村的生活面貌，而当地居民会从城市居民的生活方式上学到先进的理念，更新生活方式。

### 2. 乡村旅游的社会功能

乡村旅游提供给都市居民与农村居民交流的平台，对改善农村经济发展与面貌起着重要的作用。它能让来自不同地理位置、不同社会与经济地位的人产生接触，而游客的行为也会影响着当地居民的行为。乡村旅游具有展示城市文化生活、复兴优秀传统文化及激励教育等功能。乡村旅游能促进农村社会的不断进步，缩小城乡间的差距。乡村旅游让农村居民养成良好的生活习惯，改掉陋习。旅游业能让人的交往变得密切，而游客和农村居民的沟通是最关键的一环。乡村旅游让农村居民变成了导游，提高他们社会交往与语言的表达能力。更新了农村居民的思想观，让友情更牢固，让社区更和谐。

### 3. 乡村旅游的文化教育功能

乡村旅游在提供给旅游者农村文化活动时，也会相对促进农村文化的快速发展。同时也会为旅游者提供了解农业知识、农业文明与农业活动的机会，这一活动融合了科学、知识及趣味性，是综合一体的农业科普园地。

旅游活动本身就具有教育功能，其内容也相当全面而丰富。旅游这种教育功能的发挥不仅有助于延长旅游产品的生命周期，获得更大的经济利益，更在于它巨大的社会意义。

在乡村旅游教育功能方面，将教育功能归纳为 5 个方面，即德、智、体、美与环境教育。这里的德育教育指旅游者在观光、体验时，接受道德行为的宣传教育，主动学习具备良好的道德；智育教育即游客在旅游中获得知识，提高悟性，这也是乡村旅游教育功能的核心、体育教育指旅游者在旅游中，通过体验等活动增强体质、锻炼意志、美育教育即游客在旅游中提升美的思想，可以随时发现美；环境教育即利用乡村旅游资源教育旅游者提高环保意识，让生态环境更美好和谐，让乡村旅游可持续地发展下去。

乡村旅游教育功能的意义，可以从 3 点来体现。第一，促进游客全面发展。人因受教而得到发展，而社会教育比传统教育更加的广泛。乡村旅游以自身资源为载体，在旅游活动中融入教育，目的就是实施社会教育。旅游者一边学到知识，一边与人交往，一边增强体质，一边提高环保意识，让身与心都得到良好的发展，因此，对教育功能的挖掘非常必要。第二，为乡村旅游提供新的思路。教育旅游从字面意思可以将其理解为教育和旅游的结合，而农业教育方面确实需要去开发。利用传统乡村旅游的优势，开发产品，挖掘教育功能，实现游客实践、认知与价值的有机统一，发挥资源的价值，提高经济收入。第三，推动可持续发展的乡村旅游。乡村旅游发展趋势良好，但开发的功能形式单一，风格雷同。而随着游客需求的提高，传统乡村旅游模式已无法吸引游客参与旅游，所以产生了具有独特教育功能的乡村旅游模式，丰富了乡村旅游业态。如今的乡村旅游市场有了高层次的教育产品，市场也被开拓出来，推动着乡村旅游的可持续发展。

4. 乡村旅游的生态环保功能

乡村旅游的不断发展对生态环境的保护与改善有着较大的影响，它能够维护自然生态，提升环境的品质，更利于自然生态的良性循环。

（1）优化生态环境，提升品质

乡村中接地气的环境、景观、氛围都吸引着游客，而乡村旅游的发展就是要对这些资源加以保护，才能实现可持续的、长久的社会与经济效益。

（2）促进旅游地对环境资源的重视，提高环保意识

乡村旅游业的迅速发展，离不开旅游环境的功能价值。可利用当地生态环境的优势进行宣传，让旅游者也受益于环境资源的功能。通过对当地居民环保知识的培训与宣传，提高当地居民对环境重要性的认识，让环保成为居民自觉的行动，

让注重环境卫生成为居民的一种良好的生活习惯。

5. 乡村旅游的康养保健功能

乡村旅游提供给旅游者休闲、娱乐、度假、观光、体验等活动场所与服务事项，有利于缓解工作与学习的压力，放松身心、陶冶性情。同时乡村旅游区有着新鲜的空气，最优美的自然环境与宁静的空间环境，这样的条件最利于调解身心与保健。

乡村有着丰富的自然景观、优质的空气质量、健康的绿色食品和浓郁的生态文化等资源，有着五养的功效，即养身、养心、养性、养智、养德，可以缓解都市人生活的焦虑与紧张感，对身体、心性、智慧与品德都有着明显的保健疗养效果。

在大健康时代下，人们对养生与健康的需求不再只是追求简单的治疗，而此时康养新方式催生出康养旅游，成为大众旅游的新常态模式之一。主要体现在：养生度假，以旅游度假活动来提高人们生活品质，形成一个健康的生活方式。养心度假，以特定的度假活动来保卫、保护心理的健康，以提高人们日益增长的精神层次。养老度假，利用良好的生态环境与完善的服务满足老年旅游者度假、旅居的需求，强调养老的品质。养颜度假，利用度假产品来提高游客外在的颜值和内在的气质。养疗度假，利用疗养度假产品，帮助病后恢复人群与亚健康人群尽快恢复健康。

# 第二节　乡村旅游与产业融合

## 一、产业融合理论

### (一)产业融合概念

产业融合即不同产业与相同产业异种行业间的交叉、融合，从而转变为新产业的一个过程。

关于产业融合的讨论在学术界因角度不同，所提出的方法也不同，如今没有统一的产业融合定义。因此，将国内外文献中关于产业融合的概念加以总结与归纳如下。

信息通信产业融合叙述，认为产业融合是在技术融合、数字融合基础上所出现的产业边界的模糊化，最初是指计算机、通信和广播电视业的"三网融合"。产业融合从根本上是指，数字技术允许传统的和新的通信服务（无论是声音、数据或图片）通过许多不同的网络共同传送的现象。技术融合不仅发生在信息传输业，在保健食品、数码相机、包装技术和机械工具等领域均有技术融合发生。因此技术融合是在根本上改变以往各独立产业或市场部门的边界，并使它们融合成一个新的竞争环境的技术共同成长过程。而国内学者认为产业融合并不是原先就已经存在的，也不是与产业分立同时产生并列存在的，而是从产业分立中演变过来的，是产业边界固化走向产业边界模糊化的过程。随着信息技术的发展及运用，在电视、广播等行业中都有产业边界不清晰或消失的融合现象。

从产业融合原因与过程方面来看，它是从技术融合到产品与业务的融合、市场的融合、产业的融合，这一过程是逐步来实现的。产业融合定义为"产业联盟和合并、技术网络平台和市场三个角度的融合。"两个或两个以上过去各自独立的产业，当它们的企业成为直接竞争对手时就发生了融合"，并认为这一融合发展由相关联的两个过程来进行，即需求方功能融合与供给方机构融合。当需求者认为这两个产业产品有着互补性与替代性时就出现了融合，而供给者认为两产业产品有联系，因此生产与销售其产品就发生了机构融合。

技术融合可以使分立产业相互联系起来，即相同的生产技术运用到以往不关联的相异产业中，从而出现产业融合。

跨越了产业后各企业之间就不再存在竞争关系。但是，技术的创新或规制的放宽，会造成跨产业企业出现竞争关系。产业融合通过技术创新放松限制降低行业壁垒，促使不同产业的企业相互竞合。

产业融合定义是科技的进步和管制的放松，触发产业间的技术融合，产业边界由此变得模糊，导致原有市场中的产品和需求特征发生改变，导致融合产业的企业之间出现新的竞合关系，最终导致原有产业界限模糊并重新划分。

产业融合是指原本分立的一个或者多个产业之间产业界限的消弭或模糊化，从而直接改变彼此企业之间竞合关系的过程。

产业融合与工业革命的发展历程共同发展起来，西方理论研究一般是从管理、技术、管制等微观层面进行。

我国相比于国外对产业融合理论的研究较晚。产业融合是新产业不断产生的动态发展过程，是产业在产业内部或者外部与其他产业通过相互延伸、参透，最终实现产业融合，技术的革新及其扩散产生的作用是产业融合的强大助推器，追求产业融合后"1 + 1 > 2 的生产效率和经济效益则是产业融合的高能发动机"，以多种产业间的产业融合为研究对象，以动态演变过程的视角定义产业融合，认为产业融合由 3 个阶段依次构成：产业分立——产业过渡——产业融合。并且分析产业间的分立障碍分别是技术壁垒和政策壁垒，随着进入壁垒的弱化，产业融合阶段依次进行，产业边界趋于模糊，在多种因素共同作用下，实现产业融合。

对中外学者在产业融合理论界定方面的研究学习，再结合国内的发展现状，通过创新视角与系统观点来界定产业融合是有现实意义的。产业融合需要高新技术、消费升级与分工的发展作为依托，产业链交叉形成新产业。

由此可见，产业融合源于信息技术，由技术革新触发而来，大多数学者对产业融合的定义指出其融合的关键是技术，它的前提是技术的进步与革新，其本质特征是技术的参透与融合。但是并不是只有信息技术才是驱动因素，也并非所融合的基础都需要由技术的进步作支撑。软技术服务在传统产业中不断地渗透，已将产业融合界限冲刷得越来越模糊。例如，城市化的加深让人们向往农村恬静的生活环境，这种新业态的出现就并非是技术进步的支持。它关系着旅游需求的高度，是市场需求变化下旅游价值链的延伸与跨界的融合产业。

所以此次产业融合不只局限于信息领域，而是整个经济环境。产业融合不只是技术方面的革新。产业融合所形成的产品有着较多的种类及功能，可以替代原有产品和服务方式，融合后的市场有着开阔的环境，有利于产品生存，这些都是融合的关键所在；融合让资源共享，丰富的产品也调整了产业结构，促进了经济的持续发展。

在总结以上论述后，产业融合即多个产业或两个产业边界模糊化，使企业间不得不进行竞争和合作的一个过程。产业融合造成产业分化，而它的本质即创新。产业融合是新产业的演化过程，也是其适应动态环境的一种选择。

### （二）产业融合的理念

产业融合是经济发展的趋势所在，也是现实选择。对传统产品的创新有着深远的影响，推动经济一体化的发展进程。产业融合发生的前提条件是发生产业融合的产业之间具有一定程度的产业关联性且产业融合的结果改变了原产业内的竞合关系，使产业界限模糊化，甚至重构产业边界。农业与其他产业融合表现在农业与现代信息及工业的融合。以现代发展理念为指导，以现代科学技术和物质装备为支撑，运用现代经营形式和管理手段，使贸、工、农紧密衔接，使产、加、销融为一体的多功能、可持续发展的产业体系。农业与现代服务业的融合如与旅游业的融合。农业旅游活动的空间范围广阔、游客容量大、景点分布相对分散，能较好地解决当前国内旅游业所面临的资源局限和空间局限的困扰，为旅游业的发展提供新的条件。如今学者们在对农业旅游进行研究时，主要集中于观光农业的旅游方面。

### （三）产业融合类型

学者们从不同视角出发，经研究将产业融合分为以下4种不同的类型。

一是从市场供需角度把产业融合分为需求驱动融合和供给驱动融合。

二是从产品性质角度把产业融合分为替代型融合和互补型融合。

三是从融合程度把产业融合分为全面融合和部分融合。

四是从产业角度把产业融合分为产业重组、产业交叉和产业渗透。

科学的分类利于实现研究目标，在研究产业融合时，根据学者们不同的目的，分别从市场、产业、技术、融合程度等视角进行分类。

我国学者按照产业融合的实现方式将产业融合分为产业渗透、产业交叉、产业重组。产业渗透指高科技产业与传统产业之间的融合；产业交叉是通过产业之间相互延伸实现功能互补的融合；产业重组是某一大类产业内部子产业之间的融合。

产业融合分为部分融合与全面融合，即由于技术创新政府管制放松等因素使不同产业之间的边界模糊，甚至消失，形成一个新产业，若原产业还存在，则称为部分融合，若原产业不再存在，则称为全面融合。

综上所述，旅游产业的整合应该有驱动型产业的加入才能完成，其包括高科技和传统产业的渗透，也包括三产间的延伸。

**（四）产业融合的意义**

之所以学界对产业融合有着热切的研究，是因为产业融合对产业升级与演化有着重要意义。在现在社会发展形势下，产业融合是提高企业生产效率和组织竞争能力的新型发展模式，有助于推动传统产业创新，促进产业结构优化，提高产业竞争力。产业融合的发展是适应环境自发的融合结果。内需产业融合加之经济的促进，形成优化态势，因此，其意义如下。

第一，促进产业结构的高度化发展。产业结构的高度化也是高级化，是产业将重点放在三产转移上，是产业要素的转移。产业结构上的高度化发展常造成其他产业收入、产值等比例的变动。产业融合引入新的生产要素给传统产业，同时建构出新的生产函数。新技术、服务产业的渗透与延伸为传统产业和衰退的产业植入价值增长点，延缓了它们的生命周期，让产业焕发活力。产业融合用新的形式为传统产业带来了增长方式，为产业结构的高度发展创造了新内容。

第二，创造竞争新业态。产业融合实现产业链的融合，让多个分离产业以协作方式产生新产品和价值链。融合产品还具有原功能与价值，满足人们日益增长的需求。这种新业态有着高额利润空间和发展空间。

第三，在生态位角度促进资源配置，让传统产业与新兴产业资源共享。产业分支的细化让企业不占有所有生态位，因此作出选择。然而产业由分立转向融合，让其边界变得模糊，此时为产业的发展提供了资源的空间。

**（五）产业融合的目的**

*1. 促进传统产业创新，推进产业结构的优化和发展*

因产业融合最易产生于高技术与其他产业间，融合中会产生新技术、产品与服务，提高消费者的需求而取代传统技术产品和服务，使这些传统产业市场的产业结构不断下降；产业融合也会催生新技术与传统产业的融合，改变传统生产和服务的方式，促进产品与服务的升级。让企业竞争与合作在市场结构下趋于合理化。目前的市场理论指出，若市场容量与企业规模动向结合，会使企业与生产数量减少。而经过融合后，会让市场的结构发生变化。产业融合利用建立与企业组织、产业间的新联系来改变传统的竞争范围，扩大竞争范围。产业融合让市场转变成了完全竞争，极大地提高了经济效率。

*2. 提高产业竞争力*

产业融合与竞争力的发展都有内在的一致性。技术融合提供给产业与企业可能性，企业将融合的过程运用到各层面中，将这种可能性转化成了现实。各种产业中企业的一体化让产业融合的进程不断加快，既提高了企业的竞争力，又提高了产业的竞争力。而产业融合也向企业的一体化提出挑战，在产业融合的过程中企业间的竞争与合作都发生了变革，融合企业数量持续增加就造成企业竞争的加剧，因此提升了企业的创新战略。在这场变革中，一些没有创新能力或创新能力弱的企业就会在短时间内被淘汰，只有强者才能留存下来。

*3. 推动区域经济一体化*

产业融合能够提高区域间贸易与竞争的效应，加速资源流动和重组。产业融合撕破传统企业与行业的界限，尤其是地区间的信息平台，实现了业务的重组并产生贸易与竞争效应。产业融合让企业网络不断发展，提高他们的联系水平。产业融合中的企业网络发展是联系的主体，可打破区域间纳壁垒，增强其联系。产业融合具有扩散效应，改善了区域空间的二元结构。

## 二、乡村旅游产业融合

### （一）乡村旅游产业融合概念

乡村旅游产业融合属旅游业融合的分支，乡村旅游业有着旅游业的共性，但又承担着社会、人文与环境效用。所以要对乡村旅游业融合发展的特点与概念进行分析。

在产业融合的类型中，发生在产业边界之内的融合是虚假的融合。但是旅游业自身有着极强的延展性，时间跨度较大更有着模糊的产业边界，所涉及的范围也较广。所以旅游业有着自身的特殊性质，不能用跨产业融合概念来界定它，这样会有偏颇。对旅游产业融合内容和方向进行分析，融合的场面可分为宏观、中观与微观，也可以说是大、中、小3个方面的融合。

小融合是以市场需求为指导，是旅游业内部各环节中的融合；中融合以提升效益为指导，影响并吸收其他行业，使两行业均受益；大融合以一体化产业作指导，旅游业作引线，联系主导带动次产发展，促进经济发展。即利用旅游产业模糊边界，与其他产业相融合。

### （二）提供给旅游研究新视角

传统的旅游产业只停留在综合产业的层面之中，其实这只是笼统的认识，并非是成熟的理论框架，缺乏实践意义，没有在整体上进行归纳。以产业融合为主的旅游模式与轨迹有了立体的展现：旅游产业需要有一个导向，其产业链的构建主要围绕着旅游的需求。从社会学角度进行分析，旅游属于社会活动，关联较多的部门，因旅游需求的动态与多元性，使其系统变为开放性，产业边界动态化，所以具有天然融合性，其表现在旅游与其他资源、产品、市场、组织的融合。

旅游产业的外延因产业融合而丰富，产业融合以全新的角度诠释旅游产业内涵，拓展了框架。脱离传统以发散思维方式给旅游产业注入模式，为旅游的发展提供外部资源。

通过产业融合，让人们更深入地认识了旅游业，以模块概念对其功能作出解释。通过旅游产业独特的融合与模糊的边界，使产业融合在模块化方向上阐述了旅游业务融合产业价值链与其他产业融合的过程。这种认识对旅游产业融合发展过程有了更好的解释，也为旅游突破狭窄业务的范围提供了方向，更多融合于其他产业价值体系之中。

### （三）乡村文化与旅游产业融合

#### 1. 乡村文化

与城市文化相比，乡村文化指展现乡村意境的因素，如传统艺术、自然村貌、民间谚语、农家摆设、庙会祭祀、地方戏曲等。这些因素随着历史的变迁和地域差异而变化，展示着多彩多姿、魅力无穷的乡土风情，展现着农家韵味的乡村意境。在物质世界与精神价值上，乡村文化是农民生活的重要组成部分，也是农民的价值与意义所在。乡村文化是农民在农业生产中逐步形成与发展的思想观念与行为方式，以及对这些观念与行为表达制作出的成品。它表现的是乡村无形的文化，如农民的生活情趣、人生追求、情感心理、行为习惯等，也可以是有形的民风、民俗、典章制度等。乡村文化有着较强的地域性，利用言传身教等方式影响人们，让人们的行为、观念、心态与社会中的文化融为一体，进行广泛的流传，对人们生活的各个方面都产生影响。

乡村文化是百姓生活的智慧，它是一个有存在价值的独立系统，也是乡村"精神家园"，有着自然、淳朴的文化品格，蕴含着人类历代的精神原点。在文化中有自然主义情绪，也有民间信仰；既有道德观，又有良善的交往原则；既有对生活的平和态度，又有对生活希望的期许。乡村文化是人们对精神家园的建构，是当时人们通向"终极关怀"的努力。

文化是时代、民族的特征。一个民族的文化，都是由它的精神本性所决定的，它的精神本性是由该民族的境况造成的，而它的境况归根到底是受生产力状况和它的生产关系所制约的。因各民族都有不同的境况，文化特征也不同，我国传统乡村文化特征形成于农村社会、地理与历史条件下。

第一，乡村文化的趋同性。指乡村成员的文化有很大的同质性特征，这不同于城市所表现的异质性与复杂性的特征。一个人做事和思考的方式和另任何人都不一样。个人习惯也就是社会风俗，这是由乡村既定文化封闭造成的。乡村分布于山川、江河等地理环境中，有着丰富的自然资源，并由此发展出农耕文明。但是因地域辽阔，村落间距离较远，难以形成密切的联系，这也造成我国乡村文化具有封闭性与保守性。村民们在熟悉的范围中形成了乡村生活使文化具有趋同性，而这一趋同性有着社会与导向功能，会增强群体成员的亲切感与义务感。

第二，乡村文化的内聚性。在传统乡村中，政治、经济相同，文化与历史也相同，这让村民产生对村落文化的共识。他们在生活中形成共同的思想与道德、行为、观念与风俗。这些村民的意识反映出村民共同的利益，并在心理与情感上信赖于村落，内聚力十分牢固，也增大群体间相互组合的强度。

第三，乡村文化的多样性。乡村文化与城市文化相比地域特征十分明显，因此表现形式具有多样化，呈现出多样表现形式。我国地域辽阔，自然条件千差万别，形成了各具特色并有浓厚历史传统的大地域文化圈，如燕赵文化、巴蜀文化、荆楚文化、齐鲁文化、岭南文化等区域性文化。因我国是多民族国家，语言、历史、文化的差异性也较多，所产生的乡村民俗也相对复杂。

第四，乡村文化的局限性。在传统乡村社会中，农民以农业为主要生活手段，并延续着小农的生产与生活方式。在传统文化中，有着道家理想与儒家的追求。因为农耕文明是以小农庄户为基础的乡村社会单位，它的运行模式引发文化的同一性，而不需要进行变革。

乡村文化是农民在生产实践与自然环境中创造出的物质与精神的总和。它所包括的内容十分广泛，几乎涉及了农村社会生产、生活的所有领域，具体包括田园景观文化、农耕文化、乡村建筑文化、乡村饮食文化、乡村手工艺文化等乡村物质文化内容和乡村家庭文化、乡村艺术文化、乡村节日文化等乡村精神文化内容。

## 2. 乡村文化的构成

从文化本身的构成来看，当代大多数学者都以广义的文化领域为研究方向，分为物质文化、制度文化和精神文化3个层面。对乡村文化的构成可用结构的三分法，把它分为乡村物质文化、乡村制度文化及乡村精神文化3类。乡村文化这3个层面是历史发展中，生产、生活要素的沉淀与积累。在对乡村旅游进行开发时，这些素材可转化成丰富的旅游产品，形成乡土气息氛围，构成特色吸引物，有着极大的意境与神韵。

（1）乡村物质文化

它是人们长期从事乡村生活创造的物质产品、方式与所表现的文化，包括器物与生产工艺及技术。乡村物质文化是乡村居民集体或个人智慧的外在显现部分，具有直接的视觉体验的特点。乡村物质文化包括乡村农耕、饮食、建筑、手工艺、田园景观等，人们通过这些资源来享受乡村体验、感受生活与欣赏景观，也是人们最直接的乡村旅游体验形式。

（2）乡村制度文化

指在乡村长期的历史发展中，为维护乡村稳定或秩序所形成的，带有封建色彩的伦理道德或礼仪规范，但"去其糟粕"后，大部分素材都变成了特色旅游资源。例如，宗族制度和农业生产各阶段都包括各种活动和礼仪习俗。

（3）乡村精神文化

指乡村共同体的共同心理结构和情感反应模式，表现为居民的价值观、哲学、性格等，它无形地潜在物质文化中，旅游者只有在体验旅游中才能领悟。乡村精神文化包括乡村艺术、家庭、节日文化。而乡村中的节日文化是人们最喜欢的，如中秋佳节、元宵佳节、春节等，也包括各种农事节日等。在乡村中，这些节日的步骤、饮食等，与城市地区相比保存得较完整。

### 3. 乡村文化与乡村旅游

乡村有积淀千年的文化，是构成我国传统文化的重要载体。而现代旅游，已步入文化旅游、精神旅游的时代，特别是长期面临经济、社会、环境和精神压力四大危机的人群，开始青睐记忆中的田园牧歌式的乡村，视乡村为一座久远而又亲切的记忆中的精神家园，这种怀旧情结成为今日乡村旅游发展的巨大推力。

在旅游业中，文化是它的灵魂，旅游的本质属性便是文化性。旅游的发生动机是从本质上使旅游资源的文化内涵与游客文化进行沟通。对乡村旅游来说，城市游客也正是被乡村文化的这种异质性所吸引。所以旅游者离开居住地到乡村地区旅游的最大原因就是城乡之间在自然景观、生活环境、方式、文化特征等方面具有差异性，因此传统的乡村文化在旅游产品的生产和组合中可以作为最重要的素材和着眼点。

乡村文化具有民族性、历史性与地域性，这也是乡村旅游的本质属性，重视乡村文化的开发和利用，就会使旅游地具有吸引力与持久性。很多的研究都注意到了乡村旅游对乡村文化的作用，其包括价值观念、家庭关系、传统节庆、个体行为等各个方面。从乡村旅游发生、发展过程分析，有学者认为乡村旅游发展有助于对传统文化的挖掘与整理，也为乡村文化的传承提供了支持，增强了居民的文化认同感。国外专家认为，旅游业的发展让历史文化形式重新拥有了社会经济价值，从而得到恢复与振兴。很多的国内专家也认为乡村旅游的发展让居民认识到身边的资源都是可开发的旅游产品，增强了他们对文化的自豪感，提高了对乡村传统文化景观挖掘与整理的积极性，推动了乡村文化的传承和发展，同时，也增强了居民对文化资源的保护意识。

在乡村旅游开发上，未考虑到旅游文化内涵的传承与发展问题。所以对于乡村文化的重要吸引物的重视还不够，对其文化内涵的挖掘也不深入，乡村旅游吸引力也在不断地减弱。

4. 乡村文化与乡村旅游融合发展模式与机制研究

（1）发展模式研究

从国家发展上分析，我国乡村文化业和乡村旅游的发展都存在着一定规模。对乡土文化进行传承是我国民俗文化传承发展的必然趋势，对乡村旅游相关产业的发展是增强乡村自身创收的重要战略。所以乡村文化和乡村旅游产业融合有着互通性，也满足了产业融合的理念。

（2）发展模式机制研究

在融合发展机制上，乡村旅游和乡村文化产业融合发展有着可行性融合机制。第一，政府主导。乡村政府对乡村旅游业的融合发展加以引导，在实际产业融合中政府整体介入，不需要居民的直接参与，对其造成的影响较小。第二，政府、公司、农村旅游协会和旅行社的介入。这种融合发展机制需要较大的资金投入。其中旅行社拉拢游客并进行旅游市场开发，政府与乡村旅游协会对其需求量行利益的分配与经营管理。第三，旅游公司和农户的合作。这样的发展机制特别灵活，是由文化旅游公司和乡村农户直接合作，其机动性与合作性较高。

**（四）乡村旅游农旅融合**

**1. 乡村旅游农旅融合的发展基础与必要性**

（1）发展基础

政策环境：政策环境有力保障了乡村旅游的发展，从某种意义上而言，乡村旅游发展的初动力便是政策方面的创新。政府以引导的方式对乡村旅游的发展保驾护航。目前，国家部门出台了农旅融合发展的相关政策，农业规模适度化、土地流转和增进三产融合发展政策是乡村旅游发展的基础，乡村旅游的发展是现在最重要的内容，也是出发点，强调多产融合对乡村旅游发展有着重要作用。在多功能农业开发基础上，相关政策提供了资金补助与土地指标，三产融合示范带动农业生产，让农业与旅游深度融合，保障乡村旅游可持续发展。

经济发展：旅游业是经济发展的产物，根据马斯洛需求层次理论来分析，人均收入只有达到一个较高的水平,才会对需求有所提升。

技术发展:农业技术的日新月异,现代农业生产的清洁、高效,以及快速发展的有机农业,都为乡村旅游的发展提供了良好的技术环境,技术创新让农业生产方式、过程与种类都有了变化,让其有了观赏、体验价值。多年来,现代旅游业的不断发展,互联网、云计算等高科技技术不断涌现,让乡村旅游的市场灵敏度、产品更新速度随之提高,能够容纳的旅游资源范围更广阔,技术的进步是农旅融合发展的必要条件。

观念转变:我国旅游业发展已从传统门票收入,转变成了休闲、体验、度假等更高层次的收入,人们对资源理念也有所转变,旅游资源突破了传统古迹、自然风光等领域,慢慢以功能为导向,吸引着旅游者,满足他们的需求便可以利用这些资源,呈现出模糊化的导向趋势。

基础农业资源比传统旅游资源更平凡,但却与现代人自然回归的需求意向相符,资源观念的转变可以让旅游者领略田园之美、体验农耕、感知科技、品味乡土文化,回归家园。

产业关联:一切行业都可以和旅游业联动,农业提供活动所需的食、住、行、游、购、娱等要素,两者的关联较强。例如,现代农业产业由产前、产中、产后等结构构成。产前:科研、农资生产与土地整合等。产中:管理、种养、收获。产后:加工、销售、物流等。农业生产的环节几乎都能与旅游发展融合,如产前观光、科教体验,产中农耕体验,产后养生休闲体验等旅游活动,为农旅融合奠定关联基础。

资源:农业特色资源可归纳为特色文化、山地水域、生态环境、乡村社区、乡土风光、农业特产、生产设施等类别。农业生产资源吸引力极强,通过产业不断渗透可以挖掘出教育、休闲体验等功能,再加以创意让其融合发展,变成重要的旅游资源。

市场需求:现代城市的生活压力繁重,人们在压缩的空间中生活,情感压抑,而乡村自然风光与生活氛围及农家饮食吸引着都市的目光，农耕、民俗、农业生产与其他元素都与旅游行业相结合，契合了市场的需求。同时突出的资源与区位优势更方便了游客短距离的旅游，因旅游时间短、距离近、消费也低，最适宜自驾、全家游，且市场发展空间与潜力也比较大。

相关企业发展：企业最终会以农旅融合发展作为执行主体来运营，因此，乡村旅游实现农旅融合发展需要企业基础作保障。良好的企业经营管理技术在乡村旅游发展中，能针对市场变化进行决策、选择、配置与营销，是保证乡村旅游发展持续生存的条件，是其创造市场价值、抢占先机的有力支撑。

（2）必要性

①有利于优化产业结构。

乡村旅游在产业结构构成中具有优化提升的作用，在整个业态构成中第三产业所占比重越大其结构就越接近优化，越能加快推进农旅融合，由于旅游强烈依赖着服务行业，引入服务业态的方式增多，提升了乡村业态的结构层次，因此会使乡村加快转型。另外，农旅融合后扩充与融合了产业链，让产品生产紧凑链接，这样便减少了能耗，提高了技术利率，从而实现产业生态化发展，会优化大经济与生态环境。

②有利于提升乡村价值。

农旅融合发展，让原有的农业生产资源有了休闲娱乐与观赏的功能，提高了资源利用率，降低了生产成本，提升了生产率与利润空间；也开辟了新的市场空间，构成乡村形象并提升了品牌价值。

③有利于解决民生问题。

第一，农旅融合发展提升了生产率，也带动周边利益相关者，为其增收、创收创造了经济价值。旅游行业增加 1 个岗位，就会影响带动 5 个工作岗位，农旅融合发展增加了居民就业的机会。

第二，旅游业发展中，农民的参与、人口转移至各行业，加快了非农进程，而观光休闲吸引了更多的游客消费旅游，让参与者的收入有所提升，实现城乡交流互通，消除了城乡差距，有利于城乡联动发展。

第三，以农旅融合发展为基准，以乡村地理位置为基石，开发后吸引物的不断完善慢慢地容纳到了居民日常生活之中，变成人们周末休闲、短期游玩的最佳去处，也是当地休闲空间建设的补充。

④有利于发展文化传承。

第一，有利于传承和发展传统的农耕文化，农旅发展中，当地地道、独特的农耕与地缘文化为乡村旅游增添了更多的色彩，鲜活的文化、多彩的农事与迷人的田园生活在乡村旅游发展中不断积淀，经过旅游的包装，既利于保护和传播当地特色文化，提升居民的归属感，又会让其与时俱进，产生新内涵、焕发新活力。

第二，有利于培育当地生态文化，示范中的乡村旅游农旅融合发展，让人们意识到生态环境具有重要的经济价值，其理念也被居民接受，提高人们对环境、资源与生态的自觉保护，实现生态价值的提升。

### 2. 乡村旅游农旅融合的特征与发展趋势

（1）特征

农旅融合理论和应用的不断发展，使乡村地区为了适应与满足社会市场经济的需求，利用文化提升、景观营造、科技支撑等方式将产业链拉得更长，将农产品价值不断提升，让其特点更加的鲜明。

①产业特色鲜明，逐步完善产业链条。

相对产业而言，农业在乡村旅游活动中是重要的载体，其作用是保障粮食安全、提升产品供给，农业生产地位仍然很重要。乡村旅游发展中，凭借现代科技发挥产业优势，整合农业产业链的研发、生产、加工交易环节，完善并延伸产业链，形成三产共存的局面。

②土地整合，地域空间分布规模化。

相对于地域空间分布而言，乡村旅游依靠当地自然条件、村镇行政，容纳或依托乡村社区等单位，其地理空间界限并不明确。

家庭联产承包责任制是农村长期推行政策，虽然它能提高农业发展，但田地缩小划分面积，使其经营规模与效率下降，这些状况与现代农业经营模式相矛盾。

因此，为了提高利率，增加福利，以规模运营来降低成本，乡村旅游以土地流转的方式重新整合了土地资源，所以空间分布地域特征明显，并随着政策的影响，可能会有"飞地"现象。

③农业文化一脉相承。

农业文明的发展过程较漫长，传统不代表着落后，农旅融合中传统和现代化生产方法没有冲突，也无鸿沟，它是继承式的提升。

我国农业有着近千年的发展历程，为现代农业发展奠定了基础，它朴素的耕作、天人合一的理念、多姿的民俗等与现代科技、现代文明相融合，生产绿色食粮，提升农业价值与生产效率，增加了创意、文化元素，让农业有了全新的活力，也是现代农业提升竞争力的保障。

④优质生态环境，丰富的农业田园景观。

乡村旅游农旅融合运用新型农业设施，保留乡村特色自然与聚落景观，融合了现代科学、田园生活、自然景观，为旅游活动持续开展创造了有利的条件。

⑤明显示范带动，扩大区域影响。

乡村旅游农旅融合技术的市场敏感度较强，为保证竞争优势，维持良性运作，引进新技术、运用新技术才是最重要的，而对于大农户来说对农业技术的需求更大，示范性的乡村旅游农旅融合应用新技术后，很快被大众认可，广泛应用新技术能提高生产效率，带动发展。乡村旅游农旅融合产业化的生产会不断深化加工，完善和延伸产业链，便能容纳更多企业并带动其持续发展。

（2）发展趋势

乡村旅游农旅融合发展过程是动态的，在国家政策改革的拉力下、市场经济需求的不断驱动下，其导向趋势呈现出商品化和科技化。

①大规模生产特色农业商品是主要特征，保证农业供给，以市场经济的需求为拉力，以供给安全、优质食粮、果蔬、牲畜特产为主。

②以科技示范功能为优势，利用先进科技，培育品种，并推广先进技术，向企业与农户提供优良农作物和管理技术培训服务，真正起到示范带动作用。

③呈现农旅融合的发展趋势，因两者之间耦合基础呈现出多元化的特征，因此提供给乡村旅游发展提供了借鉴机会。在乡村旅游发展中，要考虑农业基础、景观环境等各种因素，将乡村文化元素、自然资源、地域特色融合于旅游发展中，将田园、风情、山水、历史与农业产业结合，对空间构建、产业关联、设施完善、功能提升与服务优化及运营管理等加以综合提升，创造优化升级"新引擎"。

# 第三节　利益相关者理论

## 一、利益相关者理论概述

利益相关者是指影响组织目标的实现与受到该组织目标影响的个体与群体，包括社会团体、政府部门、社区、股东、供应商、消费者、债权人等。

### （一）利益相关者理论国内外研究综述

利益相关者属于经济发展的产物，其演变、发展与产生均是为了对抗资本主义企业的股东中心理论，在人们对股东的权利有所怀疑时，如对某些事项产生争议，便会产生利益相关者思想。

利益相关者理论源于企业。指与企业有着一定关系的群体或个人。在社会中，企业人与各种群体或个人发生关系，这些关系在相互作用时也会造成影响。学术之间的桎梏被慢慢破除后，利益相关者理论在人类学、社会学等基本学科中的运用也越来越多。

在国外，有很多关于利益相关者的理论研究，多以企业为原型，讨论产权分配和经济依赖。总结后，发现利益相关者理论有着不同的层次之分，第一，影响企业生存阶段，利益相关者与企业生存是缺一不可的，也是相辅相成的，但这一理论对利益相关者企业构建的决定作用夸大其词，第二，利益相关者与企业管理有关，利益相关者在企业实施、政策制定与战略中有着重要的作用，但是抛开政策的理论缺少执行基础，第三，集中在利益相关者参与分配的问题上，利益相关者的利益就表明企业对所有权分配是有权参与的。

我国对利益相关者理论研究较晚，但案例方便搜集，其理论自 1990 年便被学者引入国内，现已在管理学、经济学、社会学等领域有了长足发展。将利益相关者理论与管理学相结合，提出智力观念，即从单边到多边的跨越，收集案例后将利益相关者理论归纳了利益相关者在企业中怎样实现利益诉求，和怎样用利益相关者利益最大化对公司加以治理，结合我国企业特点，与注资者、社区等角色，对利益相关者作出全面细分。

总的来说，利益相关者理论实际就是从无到有、从片面到具体、从窄到宽的过程。任何一种观念都在特定的时间与背景下提出，但它们在特定环境下都有着现实指导意义，在一定程度上对社会、企业管理与可持续发展作出指导。时间与经济的不断发展，会出现许多的新角色，基于此丰富着利益相关者理论的研究。

**（二）旅游领域中的利益相关者理论**

旅游在 20 世纪 80 年代突出了民主决策、平等参与和相互协作等问题，很多国外研究者开始在旅游领域引入"利益相关者"，并研究该理论在旅游目的地规划与管理中的运用。

人们不清楚谁是利益相关者，更不知道怎样为利益相关者做正确的事。因此学者们开始对此做研究。生态旅游的利益相关者包括政府、保护地、社区、旅游企业、旅游者、学术界及相关机构、非政府组织、媒体、其他国际组织及其在华机构、社会公众。乡村旅游地的利益相关者包括旅游开发经营主体、当地社区居民、地方政府和当地社区集体等。我国乡村旅游开发利益相关度较高的利益相关者包括政府、旅游企业、旅游者和社区居民。此处对乡村社区居民、旅游企业、政府利益相关者研究进行论述。

1. 地方政府

在乡村旅游的开发中,政府在理论界中是否为利益主体一直存在争论,未形成一致的认识。从权力视角分析,政府是公共利益的代表,不是独立的利益主体,但在开发乡村旅游中,它有着与企业、居民不同的利益,存在着生存发展等财政问题。因此,在开发乡村旅游中,政府应该成为独立的利益主体。应明确乡村旅游政府管理部门的管理职责,一是制定管理规定、服务规范、质量标准和经营许可证等规章制度;二是对乡村旅游地的具体管理工作加强服务指导;三是提供培训、信息、宣传、促销和咨询等公共服务。政府应在金融、信息、技术等方面为乡村旅游的发展提供足够的支持,在乡村旅游发展中应起到主导作用。政府在编制规划、制定规章、组织培训和资金支持等方面为乡村旅游发展发挥促进作用。

2. 企业

直接参与乡村旅游的企业包括与资源管理部门合二为一或由其所衍生出的旅游企业、当地社区居民开办的个体户或者集体所有制的旅游企业、外来投资者所投资和经营的企业等三类企业。与此同时,由于在自然资源和文化等保护方面普遍缺乏相应有效的约束和激励机制,企业对自然资源和文化方面的成本不承担直接责任。当旅游企业投资的目的地的发展效益不好时,旅游企业就会将投资转向其他替代性旅游资源或产品,而政府和社区居民等其他类型专用性资产的提供者所承担的风险则更高。乡村旅游游客和当地社区居民对旅游目的地环境破坏问题的忧虑日益增加及整个社会对企业应承担社会责任的要求越来越高,不少旅游企业已经开始正视社会责任的问题。

3. 居民

居民生产生活文化是独特的人文景观,也是旅游资源的组成部分。在乡村旅游开发中,居民是参与主体,因此,要实现可持续发展的乡村旅游就要兼顾目的地居民的利益。目的地居民与乡村是紧密相连的,他们更清楚怎样来发展乡村,因此在规划时就要考虑居民的意见与需求。

在初期乡村旅游发展中，居民获得利益并愿意接受旅游开发带来的社会、环境、文化等方面的变化，但是若他们的利益诉求无法得到满足，态度就会发生改变。对于不参与乡村旅游目的地管理的乡村社区居民，当地政府和旅游公司应把握"不参与就是最大的参与"的原则，通过集体基金补偿、利益的二次分配等形式保障他们分享旅游发展所带来的效益。

## 二、乡村旅游的利益相关者

### （一）乡村旅游的利益相关者研究

#### 1. 乡村旅游社区利益与利益相关者的关系

不同利益主体之间的合作能够保障旅游业的可持续发展，同时将利益相关者理论应用到了旅游发展战略规划中，对不同利益相关者的利益诉求进行了分析，讨论了景区所包含的利益相关者。当地居民、政府相关部门、投资者、景区员工和旅游者等会对景区的环境管理产生影响，并提出了构建利益相关者能够共同参与的景区环境管理模式；以当地特有的文化景观为中介，分析介绍了各利益主体间的经济互动，并把不同利益主体间的矛盾看成是旅游活动的一部分；从乡村旅游问题中总结"三农"问题，并分析了其中体现的利益问题；总结了我国现在乡村旅游社区各利益相关者之间的关系，并据此提出了相应的协调对策。

#### 2. 乡村旅游利益相关者的利益分配

基于利益相关者理论研究了农户的利益分配问题，提出了农户利益分配的相应分配策略，从乡村旅游围城效应出发，探讨了如何能够在旅游开发中保障当地居民的利益，需要构建社区居民参与分享收益的机制；通过对现有的乡村旅游社区的参与模式进行分析，提出了构建合理的乡村旅游社区参与模式，社区参与的乡村旅游该存在的合理的利益分配机制。

#### 3. 乡村旅游利益相关者间的博弈

对政府、居民和旅游者这些利益相关者与旅游投资开发企业之间的博弈进行了分析，提出合适的并能实现多方相关者利益最大化的可持续发展对策。说明关于博弈的分析是从居民、企业、政府间展开的，研究得还不够广泛。在我国，研究旅游利益相关者博弈应融合于多学科，将定性与定量结合，创新研究方法，让实践更强，让研究更有意义。

**（二）博弈论与旅游产业利益相关者界定**

1. 博弈理论

博弈论主要研究存在于理性个体间的合作行为与冲突行为，是对相关社会局势中理性行为的研究，其中任何一个参与者所做的选择应是以判断其他参与者反应情况为基础的。博弈理论的两个框架，即非合作博弈与合作博弈，这一基本框架的确立为后来的博弈理论研究奠定了坚实的基础，20世纪70年代后，博弈论成了经济学主流研究方法之一。20世纪90年代，博弈论引入中国，从此博弈论在我国研究中取得了较大进展。

（1）分类

在博弈论众多分类中，合作博弈与非合作博弈的分类是影响最大的一种。在参与者博弈行为互相影响时，判断他们间是否有具有约束力的协议，形成的协议就是合作博弈的范畴，未形成的协议就是非合作博弈的范畴。因此，合作博弈重在团体，结果有效；而非合作博弈重在个人，结果很难确定，有时有效，有时也无效。

此外，非合作博弈还可以从两个角度来分类。一是参与者行动的顺序，按照这一顺序把博弈分成静、动两博弈。静态博弈中，参与者可以同时也可以不同时选择行动，但后者对于先行动者所采用的行为是什么并不了解；动态博弈是参与者对于行动有着先后之分，且后行动的人会对先行动人的行动选择有所了解。二是依据参与者对博弈信息是否完全获取的情况进行分类。所以，博弈又有完全与不完全信息博弈之分。完全信息博弈中，参与者清楚并明确有关博弈的所有信息，若反之就属于不完全信息博弈。

从这两个角度对博弈论的划分,得到了 4 种分类,即完全信息静态博弈、不完全信息静态博弈、完全信息动态博弈、不完全信息动态博弈。相对应的是纳什均衡、子博弈精炼、贝叶斯纳什均衡、精炼贝叶斯纳什均衡。

（2）组成

参与者:参与者通过对最佳行为的选择实现支付水平。参与者是博弈主体,指能独立决策和承担结果者。这个主体是个人也可能是一个组织。

策略:是博弈过程里某时点能让参与者选择的行为集合。把博弈中第 $i$ 个参与者的策略表示成 $a_i$,那么第 $i$ 个人选择策略集合就是 $A_i=\{a_i\}$。因此在 $n$ 个参与者的博弈里,策略组合是 $n$ 个参与者策略集合 $\{a_1, \cdots, a_i, \cdots, a_n\}$。在同一个博弈中参与者的策略及行为数量不一定是相同的。

（3）信息

在博弈中最重要的信息是支付信息。博弈参与者了解自己的信息也了解其他参与者的信息。而另一些参与者不了解所有人的信息支付,如委托代理博弈。一方参与者掌握信息量会影响判断,也会影响决策选择和博弈的结果。这时的信息包括完全与不完全信息类型。

（4）支付

支付是对博弈过程中参与人采取策略所产生的结果的评价,反映了参与人的偏好,以及博弈参与人所获得的收益。支付也用于效用衡量,它既能是正值也能是负值。通常用 $u_i$ 表示参与者 $i$ 的收益。支付所获得的收益与参与人自己采取的策略有关,也与博弈过程中其他参与人采取的策略有关。

（5）均衡

均衡是参与博弈的所有人最优策略或行动的组合,表示成 $a^*=\{a_1^*, \cdots, a_i^*, \cdots, a_n^*\}$。达到均衡状态第 $i$ 个参与者最优策略表示成 $a_1^*$。在动态博弈中,不同的均衡会有相同的均衡结果。

2. 博弈论的基本假设与纳什均衡

博弈论有两个假设。一个是个人理性假设。设参与者决策选择时可以考虑一切选择，并对其影响与结果有了大概的了解，并在了解的前提下作出选择，另一个假设，博弈参与者将自己的目标最大化，达到选择策略的最大化。在支付中，参与者支付和选择与其他参与者的选择是相关联的，因此所有参与者将自己的策略加以改变时就会对其他参与者的支付造成影响。在参与者支付最大化时，为博弈论选择最理性最佳方案。博弈的解，也就是均衡，它是参与的所有人最优策略组合，而博弈论中最基本、最重要的是均衡、纳什均衡。纳什均衡也就是参与者选择策略在不以他人选择为基础下，任何人都不能为改变自己的策略而增加支付。

3. 乡村旅游产业利益相关者界定

从利益相关者概念中我们了解到，影响旅游发展与目标实现的所有途径，或旅游业对参与者的影响都在利益相关者的范畴之中。旅游业的涉及范围广泛，利益相关者也有多种，包括旅游者、政府、旅游协会、媒体、企业、相关从业人员、旅游开发商等。

乡村旅游利益相关者包括：核心利益相关者和非核心利益相关者。前者主要是乡村旅游发展中具有直接法律与经济关系的群体或个人，他们有着根本性的作用，所以利益诉求是最重要的，这些利益相关者有居民、游客、政府与企业。非核心利益相关者，一般没有直接利益，但也会为群体带来威胁，他们有行业协会、媒体、非政府组织等。这些利益相关者的动态都需要关注，它们随目的地发展和主体变化而发展，其地位也会改变，所以，应以发展的眼光来看待乡村旅游利益相关者的类别分析。

一是关键利益相关者，这些群体与个人深刻影响着组织决策的制定，也是对组织发展情景最在意的，同时也拥有最大的维护自己权利的能力。在组织发展中，关键利益相关者是最关键的一组群体。

二是权力大，但对组织发展关心较小的利益相关者，他们有着较大的维护自身权利的能力，但并不关心组织的发展方向。虽然在组织中他们处于关键地位，但却不关心组织的发展。若他们对组织给予自己的利益不满足，就可能以自己强大的权力对组织的未来发展造成阻碍。

三是权力小，很关心组织发展的利益相关者，他们非常关心组织的未来发展，但因自己权利较小，所以对自己利益诉求的维护很困难。在乡村旅游产业中，符合这一特征的利益相关者是当地社区居民。因这些利益相关者有着较大的利益诉求，他们深受组织发展程度的影响，所以组织其他成员对这些利益相关者的利益诉求要格外关注，让他们参与决策制定并提升获得组织发展信息能力，这样便可以参与当地旅游发展，而不需采取非正常或不合作手段对当地组织未来发展造成阻碍。

四是权力小的利益相关者，他们不太关心组织发展，权利掌握得较少，因此并不受组织的关注，组织对他们利益诉求的维护也不会付出较大努力。

基于这些分类，在分类乡村旅游利益相关者时需要进行判断：首先，判断利益相关者对其的兴趣与利益要求，其次，判断利益相关者对权力维护的程度。依据判断结果与类型使用相应的策略。

在乡村旅游业发展中，关键利益相关者一般是当地居民、游客、政府、旅游企业。在关键利益相关者中，政府最终会决定乡村旅游发展，会维护自己权益，满足利益诉求，因此他们对旅游开发地的利益极度关注，社区居民是旅游的占有者，也是资源体，但决策意识弱，对其影响太小，又不能更好地维护自身的利益，因此对于利益的关注也较低，而旅游企业有着优势地位，有人才、技术与资本等资源，是开发决策受益最大的一方，因此对自身利益关注更多，期望对决策有参与权，但因其权力小，不能参与，最后一个利益相关者便是游客，作为主体，影响不了发展决策，也无法参与决策，所以其利益诉求一般不怎么被关注。

乡村旅游在不断发展之中，利益主体的权利与利益需求会随之调整。例如，居民提高了参与决策的机会，也有能力维护自身的权益，这样便将利益相关者的矛盾缓解开来，保证了乡村旅游的快速发展。改革推进市场的进程，政府也在转变职能，其对旅游的影响也会慢慢地减弱，终会由旅游业协会将其取代。而利益相关者间也会发生改变：非核心利益相关者应关注动态变化，依据问题加以分析。

核心利益相关者动作系统：旅游企业利用独特的优势获取资源；游客作为消费者，其有权利对产品与服务加以选择；企业为游客提供服务而获利，政府利用资源为企业提供基础设施与政策引导，提出开发与资源有效利用的要求，并获取资源税费与使用费；居民提供旅游资源而获利，居民是资源的主人可以对政府提出要求，即如何发展旅游业，政府提供基础设施给居民，同时收税，居民参与旅游与企业形成合作或竞争的关系，即居民提供劳动力并获利，游客有权提出撤诉或意见，政府应征其意见建议。

# 第四节　品牌价值理论

## 一、品牌价值理论概述

### （一）品牌价值的基本内涵

市场经济的成熟发展，将旅游竞争从单纯的价格与产品的竞争转向了品牌的竞争，旅游品牌价值成为业界最关注的焦点，有部分学者对其品牌与价值的研究稍有探讨。一般来说，旅游品牌有着市场属性，乡村旅游品牌价值即乡村旅游资源或产品对于市场的影响与竞争力，也是质量评价的指示。它的内容包括以下3层含义。

第一，品牌价值是对市场影响力的反映，目的地品牌具有较高的价值也就会极大地影响市场，也就有超强的竞争力。

第二，品牌价值会对游客消费进行间接的判断，品牌的价值密切关联着市场规模，以消除市场基数的影响来界定乡村旅游的发展与消费。

第三，品牌价值也能对乡村旅游品质的高低进行综合评价，乡村乡土管理服务与文化、景观环境将是决定乡村旅游品质的因素，也是品牌价值进行评价的主要内容，二者有着较高的一致性与等同性。

**（二）品牌信用度与考量**

1. 品牌信用度

品牌信用度是利用排他性品牌标志与名称对顾客群体履行某类或某种利益的公开承诺。以两个条件为前提：第一，企业利用媒体渠道发出公开承诺；第二，企业承诺正在实施或已履行。以此为前提建立品牌信用度，让顾客对产品及服务认可。

在品牌信用度研究中通过构建 BCCP 模型，即"品牌信用度——选择成本——选择效率——生产效率模型"，首先，论证了只有作出并履行公开承诺的品牌，才能建立起品牌信任度。其次，论证了较高的品牌信任度不仅可以降低顾客选择成本和提升选择效率，还能提升企业生产与营销效率。再次，验证了品牌信用度是影响企业品牌价值的决定性因素。最后，提出品牌信用度是品牌品类（独特利益点）和品牌策略（传播方式效果与体验效果）综合作用的结果，是品牌塑造的终极目标。

2. 品牌信用度指标体系

结合构建品牌信用度评价指标中的成果，构建品牌利益点载体、传播效果与体验效果 3 种因素显性指标，引用研究成果选定第三层评价指标对第二层因素加以考量。

（1）品牌利益点载体

品牌利益点载体由 3 个因子组成：独特的产品和服务、名称和标志、宣传口号。其中实际载体是独特的产品和服务，符号载体是地域名称和标志。对生态旅游独特利益点加以确定后，利用独特的宣传口号向目标受众群体传递利益。以定量、定性结合的方法对显性因素进行评估。

（2）传播效果

潜在顾客旅游时，会在认识或记忆中产生对某个旅游品牌的知晓程度，即品牌知名度。是评价品牌传播效用的关键，对其的衡量要从品牌认知的3个阶梯进行：即品牌的识别、回想与第一提及。第一阶梯，品牌识别。游客了解了品牌名称，其评价标准是对品牌名称了解的数值比。第二阶梯，品牌的回想。游客了解到景区利益在哪里，其评价标准是品牌利益了解人数值比。第三阶梯，品牌第一提及。游客感知到在品牌类阶梯中居首位，其评价标准是品牌意识区里第一提及该品牌的人数与被试者总数的比值。

（3）体验效果

体验效果是旅游者在实地游览体验中或体验后的一系列连贯的行为表现，是旅游前通过接收到的旅游品牌信息产生的心理预期的纵向比较的差值。体验效果是游客通过对产品与服务的体验得出的综合评价。在研究中，可以从推荐度、美誉度、满意度、忠诚度4方面进行考量。

游客满意度与目的地推荐度呈正相关。只有游客得到了满意的体验才会向好友推荐，也会对产品进行比较来加强认知，以变成忠诚的顾客。美誉度在旅游者满意后通过各种产品的对比与之前接收到的信息形成的心理感知比较后，在同行业内形成正口碑效应，也会带动顾客的忠诚。但是对于旅游行业来说，顾客忠诚并不是总那么理想，原因在于游客求新奇异的心理导致重游较难实现，尽管如此，旅游者在第一次旅游体验效用值最大，重游时边际效应降低，但重游效用值还是有可能大于初游地的旅游效用值，故游客的品牌忠诚度依然可以作为生态旅游品牌体验效果的考量指标。

**（三）品牌信用度因子评估法的优势与改进方法**

品牌价值是以货币的形式，对潜在旅游消费者在顾客意愿下为品牌支付附加收益折现值的衡量。定量评估品牌的价值可以提供给品牌形象、管理理论方面的依据。而相对于旅游业来说，建立品牌价值才能让收益持续增加。由此得知，品牌信用度因子法的优势如下。

以消费者为主体，突出消费对品牌价值的贡献。品牌价值即消费者支付货币的价值。构建品牌价值模型，以收益现值法衡量方式进行计算，也就是说要以消费者为重点。

行业适用性。在对游客进行调研后发现，对旅游景区品牌信用度的有效提高，能让消费者的重游率相继提高，证明此模型在旅游行业中是比较适用的。

合理量化指标。以显性和隐性指标来测量品牌信用度，量化营销和外环境会对消费者购买行为造成的影响，为旅游经营提供重要的信息。

以科学理论为依托，借鉴国内外研究成果，从多方面获取数据对旅游品牌价值进行评估，为行业投资、管理、战略等方面提供参考。这对于传统的以单纯资产评估为财务问题的方式，其理念与做法都是一种创新。

对于品牌价值概念在理解上存在差异。参考常规做法可以将品牌价值作存量解释。若将品牌价值以流量概念的方式看待，也不存在时间期限问题，虽然对品牌总价值无法准确地计算，但对品牌建设成效的评估也有参考价值。

对有、无品牌价格确定方面的误差。信息有着可获取与可比性，把产品品牌价格以门票价格的形式确定下来，而有人则认为只以门票形式为依据来计算品牌的价值是不全面的。在这些问题上，目前还未有权威的标准可循。为将理解上的误差减到最小，有品牌的价格以扩大调查样本的方式计算平均数而从中获取。

旅游者消费意愿的不确定与差异性。数据只体现意向问题，而实际频度仍需验证。购买与意向差异带给品牌价值准确评估一定的困难。

## 二、乡村旅游品牌价值

### （一）乡村旅游目的地的品牌价值

乡村旅游目的地的品牌是凸显目的地自身特点、利益和价值，树立目的地形象的象征物或标志。乡村旅游目的地品牌的构成要素包括旅游地内部的旅游吸引物、旅游产品、经营主体、服务设施、服务人员、生态环境，以及所在地的政府、居民、相关法律和政策等。这些要素从内在支撑着目的地品牌的价值，也是对其外在的有力保障。

旅游目的地的声誉需要创造，游客对目的地的选择也要有根据。对游客来说，他们的选择注重外在体现，也注重内在的需求体现。

当旅游者将自己的时间与金钱用来选择旅游度假时，就带有了情感诉求，希望获得身心愉悦感。所以，对旅游者来说，目的地的品牌价值应带有情感、身份。一个成功的品牌能在目的地和游客感知间架起桥梁，让他们深刻体会旅游过程，并赢得归属感。因此，乡村旅游目的地品牌的价值应涵盖目的地品牌的理性价值、情感价值与情感联系。体现在旅游目的地对旅游者利益需求方面的满足。

乡村旅游目的地品牌内涵极其复杂而丰富，强势的品牌有着丰富的个性。品牌建设的成功与否，是由目的地品牌个性和旅游者的作用而决定的。要培养和完善品牌价值，就应构建持久、利于旅游者的利益价值，凸显相关性、品牌差异性的价值体系。

**（二）乡村旅游目的地不同阶段的品牌价值**

乡村旅游目的地的发展过程是目的地与旅游者间双向作用的过程，其发展周期则是旅游地品牌从产生、发展、成熟、衰落到消亡的过程，这一过程呈现为形曲线形式。但乡村旅游目的地生命周期曲线不同于传统产品，不是接待旅游者数量的改变，而是二者关系的变化，这也是品牌价值明显的变化表现。

1. 知名阶段

各地发展乡村旅游的初期均依托当地人文、历史、地理、风俗等特色资源，它们是旅游的特征。资源的特殊性支撑着乡村旅游的持续发展。此时各村镇很少进行宣传与推广，也没有较大的市场规模，但旅游者来访都追求新奇感。这也是品牌价值的关键一环。村镇还不是知名地时，游客对品牌价值有着极其重要的影响，通过他们的推广与宣传能提升知名度。

2. 知名阶段

村镇区域知名度的不断提高，旅游者对目的地的向往也不断增强，旅游者就会越来越多，当地收益也会增加，因此就进入了知名阶段。但先期进入的旅游者会厌倦了这些广为人知的地方，开始寻找新的旅游村镇。所以，在知名阶段目的地经营与管理者要不断提升自身的新鲜度，吸引潜在游客注意，让旅游者到目的地进行旅游活动。知名阶段的品牌价值由旅游者对目的地忠诚度所体现，主要是游客数量增加，重游率上升。

3. 熟悉阶段

当乡村旅游被更多的旅游者关注就提高了知名度，也让目的地开始发展。旅游者接连不断地来访，也让经济暴增。在经济驱动下，附近的村镇也开始效仿，用自己相似的资源进行开发。因此，先期发展的村镇没有了排他性，它只有强化独特之处才可以吸引新老旅游者来游览观光。因此，熟悉阶段内乡村旅游目的地的品牌价值来源于村镇自身正面形象的强化与负面形象的排除。让旅游者能完整、清晰地感知目的地游览带来的有价值的收获。

4. 疲劳阶段

村镇知名度的不断提高，让原有的旅游产品与服务已经被周边旅游者体验过，如果不创新就不能吸引旅游者再旅游，让市场细分，村镇失去特色，进入疲劳阶段。此时的乡村旅游品牌价值开始衰减或消失。所以，在此阶段，恢复品牌的相关性，优化核心价值，才能重新吸引旅游者旅游。

# 第五节  可持续发展理论

## 一、可持续发展理论的概述

### （一）旅游可持续发展的概念和内涵

1. 旅游可持续发展的概念

可持续旅游是从"可持续发展"派生而来的词汇，20世纪90年代，旅游业的可持续发展受到国际旅游组织及旅游研究领域的重视，它代表一种全新的旅游发展观，是实施可持续发展战略的重要部分。

旅游可持续发展定义为"指在维持文化完整、保护生态环境的同时，满足人们对经济、社会和审美的要求。它能为今天的主人和客人们提供生计，又能保护和增进后代人的利益并为其提供同样的机会"。

2. 旅游可持续发展的内涵

旅游可持续发展的内涵有以下4个方面。

一是旅游资源应能承载旅游者数量，满足旅游者的多元化需求，并保持对未来旅游者的吸引力。

二是旅游业的发展应以实现旅游景观资源可持续利用为基本前提，保护并改善旅游业赖以生存的自然环境，营造良好的社会环境，并能对生态环境保护提供资金，使其得到可持续利用。

三是为旅游目的地居民提供就业机会，提高居民生活质量，为游客提供高质量的自然、人文游览经历。

四是通过保持旅游区景观资源和文化的完整性来实现利益共享的公平性。

对旅游可持续发展的认识，与人类对自然和社会的认识水平有着密切关系，并且会随人类活动和认识水平的发展而增加新内容。

**（二）旅游可持续发展的途径**

1. 生态环境保护

生态环境是旅游业赖以生存和发展的物质基础，高质量的环境才能有高质量的旅游活动。在社会经济产业系统中，旅游业和环境联系最密切，因此，保护好优美的自然生态环境，维护良好的社会文明环境，是旅游业快速、高效、持续发展的根本保证。但旅游发展对资源环境会产生潜在的影响，管理不当可能会激化两者间的矛盾。例如，旅游资源的粗放和不合理利用，造成许多不可再生资源的浪费，很多旅游区"城市化"，噪声、烟尘都超过规定的标准，大气中含有害物质等情况较普遍；因在风景区内开山炸石，水土流失严重，生存环境变化导致动植物濒危，生态环境破坏严重。因管理和保护措施不力和部分游客素质不高，使许多古迹受损。在故宫的宫墙上，在泰山的摩崖石刻上，在长城的城墙上，都留下了他们不文明的印迹。旅游开发与旅游者的行为都直接关系着环境和资源的持续发展，最终决定旅游业的可持续发展。因此，旅游可持续发展首先应考虑环境的承载力，对旅游资源进行适度开发，用科学的手段进行生态保护、文化保护和景观美学价值的保护，还要将旅游资源的生态功能纳入旅游产业化的轨道，树立旅游环境资源价值观，重视其环境价值，实现旅游业可持续发展。

2. 提高旅游业管理水平

在旅游业发展过程中，很多与可持续发展相悖的矛盾，几乎都是因管理不当造成的。如粗糙的规划导致地方旅游投资的低效益，甚至投资失败，在遗产景区兴建不协调的建筑，破坏了遗产的完整性，也破坏自然与人文风景的美感；对旅游者行为缺乏科学的管理，景区容量超载，给景区生态环境与旅游设施造成极大压力，也降低了游客的旅游体验质量；目的地的信息管理不能满足旅游者的需要，将减少旅游者对目的地的选择；目的地的危机管理机制不健全，应对各种危机的能力不强，对目的地旅游业的发展将造成严重打击；目的地诚信机制不完善，在游客和旅行社之间信息不对称，旅行社欺诈游客的事件层出不穷，增加旅游者消费的风险，不利于旅游经济效益的提高……只有通过提高管理水平才可以解决以上问题。提高管理水平应贯穿旅游业规划、策划、投资、开发、营销、服务等各个环节，建立一系列管理制度、规范与标准，并加以落实，使旅游业运行过程中做到保护生态环境与资源，旅游经济和社会发展相协调。

3. 协调旅游利益相关者间的利益关系

所谓利益相关者，指那些能够影响企业的目标达成，或者在企业达成目标中受到影响的个人和群体。他们要么受到旅游经营活动所产生问题的影响，要么对旅游企业采取的经营措施施加影响，也可能两者兼有。旅游利益相关者包括当地政府、旅游经营者、当地居民和旅游者。

旅游利益相关者之间存在着复杂的利益关系，他们有不同的需要和不同的目标。利益相关者的利益和目标冲突是旅游业可持续发展的障碍。如当地政府和旅游经营者，两者功能角色错位将会导致旅游发展失控，当地政府对外来企业欠约束潜伏着经济漏损，最终旅游业的发展未必有利于提高经济发展水平，处于弱势的当地居民，在其利益要求得不到重视和平等对待的时候，对政府是不信任甚至是抵触的，不利于良好旅游氛围的构建。如果旅游经营者和当地居民两者利益分配失衡，也可能会孕育出旅游地发展危机。在旅游经营者和旅游者进入当地居民的风景地域之后，经营者成为环境的最大受益者，而当地居民常成为负面影响的承受者，原本属于当地社区的资源甚至当地人的生活和活动都成了经营者向游客提供的旅游产品的一部分。经营者如果单从自身利益去考虑问题，将给当地旅游的发展带来致命打击。

在旅游业发展中，利益相关者都扮演着重要角色，旅游业可持续发展要关注旅游利益相关者的需要，协调他们之间的关系，用旅游可持续发展的目标管理利益相关者的目标，在多赢的基础上，实现旅游业的可持续发展。

## 4. 文化导向的旅游开发

企图将共同的经济目标同他们的文化环境分开，最终都会以失败告终，尽管有最巧妙的智力技艺，如果离开其文化基础，任何经济概念都不能得到彻底的深入思考。可以看出文化对经济发展的重要影响。现代市场经济的重要趋势，就是经济和文化的一体化发展。精神文化消费将对社会生产力和社会经济的发展起到巨大的推动作用。旅游业本身就是一项文化产业，更不可以忽视旅游文化的基础作用。文化是旅游的灵魂。随着人们对精神、科学文化需求的提高，以观赏大自然美景、游览珍贵历史文化艺术瑰宝、获得生动的自然知识和人文知识为主的文化旅游成为一种时尚。旅游活动的内涵是它的文化性质，没有文化内涵的因素不能构成旅游吸引物。今天的旅游业只有体现出文化特色时，才能吸引旅游者。增添文化含量将成为旅游业的新生长点和新价值取向。所以，对文化内涵和特色的开发与保护，是旅游可持续发展的重要途径。

## 5. 加强政府的协调职能

旅游业是一个综合性产业，涉及的行政部门很多，如工商、交通、公安、税务、宗教、园林等，这些相关部门不可能自动协调。要想其各司其职又相互配合，这就需要发挥政府的协调作用。

企业的恶性竞争，通过企业自身是解决不了的，需要政府进行调控。旅游投资中存在大量低水平重复建设项目。一个旅游项目获得成功，其他旅游企业就会模仿，这种决策的盲目性导致产品雷同，旅游经济效益低下，企业遭遇失败。政府在旅游业的发展中的作用是不可替代的，需要按旅游经济发展水平的实际需要来变革政府职能。政府和旅游业发展各相关利益群体之间应建立一种协作机制，旅游发展是一个整体过程，它需要政府公共部门、市场私人部门和非营利机构共同的协作参与，从而建立一个多中心的管理模式。

6. 社区参与管理

社区参与被认为是实现旅游业可持续发展的重要途径之一。社区参与是一种自然保护和旅游发展战略，鼓励社区居民参与，利用社区拥有的资源发展社区，明确社区需求，并由此作出决策。

## 二、乡村旅游可持续发展

### （一）乡村旅游可持续发展内涵

按照世界旅游组织对可持续旅游的定义，可持续发展分成生态的、文化的、乡村经济的可持续发展。生态的可持续发展指乡村旅游发展应对当地生态发展、资源及生物多样性的维护协调一致，文化的可持续发展指发展乡村旅游要提高人们控制生活的能力，让他们与文化价值观相协调，还要注意对乡村文化独特个性的维护与增强，经济的可持续发展指乡村旅游的发展要产生经济效益并能有效管理资源以造福后代子孙。

旅游业经营若不超出大自然的承受能力与资源再生情况下是可以实现可持续发展的，同时风俗习惯、社会与人类对旅游者体验做的贡献让人们平等分享可持续旅游的经济利益，因此旅游业不应违背旅游地居民的意愿。基于这些定义与思想，乡村旅游可持续发展的实质可体现在以下 4 个方面。

第一，公平性。公平指机会选择的平等性。它涉及了两层意思：一是同代人间公平受益与平等享有旅游和消费的机会。乡村旅游可持续发展对人们提出的要求是，必须重视旅游地对游客的旅游质量做的贡献，所以旅游接待居民有权利参与旅游开发的决策，可对社区类型出谋划策，同时分享旅游收益；二是旅游资源与环境要实现代际共享，当代人满足旅游需要不能以旅游环境的恶化为代价，剥夺后代社会发展的需求。当代人为后代人留下的旅游活动与发展环境资源不应少于目前所应有的程度，所有旅游开发者与经营者都要为下一代人留下发展的机会，也负起同样的责任与义务。

第二，可持续性。旅游业可能实现长期发展的条件是乡村旅游需求的满足与生态环境的可持续性。乡村旅游的发展要建立在旅游地生态与社会文化环境所能承受的能力范围内，旅游发展要可以吸引足够数量的旅游者并保护旅游质量，也要保证当地环境与社会文化不发生无法逆转的破坏性变化。提高人们对文化与价值观的认识，维护与增强社区个性以保障旅游地的可持续发展。经济的可持续发展要求以资源有效利用与管理为前提来获得效益，乡村旅游发展既能取得经济效益又能让资源得到有效管理。经济效益是回报给乡村旅游经营者与相关部门的经济投入，也是维系乡村旅游供给的因素。

第三，共同性。各国经济发展、文化水平、旅游资源拥有程度等都各不相同，关于旅游可持续发展的目标与政策也是不统一的。但旅游可持续发展作为全球发展总目标，体现出的公平性与可持续性是相同的。以这个目标实现为原则，全球要协同采取行动。所以，世界各国政府、旅游实业界、非政府组织等都有责任来实现旅游可持续发展，旅游可持续发展需要各方合作。旅游可持续发展的实现需要各地协调行动。关于目标与政策的承诺是由社会各阶层与政府共同做出的。

第四，利益协调性。它主要指主客双方的利益协调，也就是游客和接待区间利益的协调。一是乡村旅游发展应与当地经济相结合，满足旅游开发地发展的需要，提高居民生活与发展水平。二是游客希望获得高质量的旅游经历。这两个目标是缺一不可的。但当居民和旅游者利益发生冲突时，旅游者利益大多是得不到保障的。此外，当地社区对旅游业的参与也因某些问题受到限制。因此造成旅游发展未改善当地社区生活质量，反而造成对正常生活的干扰而让社区反感。所以，旅游可持续发展应让主客双方都获得利益。这是旅游可持续发展的目标，也是基本保障。乡村旅游应有效地保护乡村资源和环境，用可持续发展观念和方法处理乡村旅游开发、资源、环境、文化特色间的关系。乡村旅游的发展应建立在乡村生态环境可承受范围内，与乡村文化、经济、发展相协调，自觉地保障乡村资源利用的持续性。乡村旅游可持续发展推动旅游业向前发展，也要维持乡村旅游资源的永续与合理利用，保护与改善生态平衡，带动农村经济发展，增加居民收入，改变乡村现状，为农村经济增长注入新动力。改变传统观念，实现乡村旅游可持续发展。

**（二）乡村旅游可持续发展目标**

1. 乡村生态的可持续发展

乡村旅游以良好的生态环境为基础，乡村生态的可持续发展要求其发展要与生态过程、资源及生物多样性的维护相协调，对接待容量要有效地控制，增强居民与旅游者对生态环保的意识。要实现乡村生态的可持续发展就要保持当地生态环境的稳定与优化。在偏远乡村有着较高的森林覆盖率，动植物也繁多，空气清闲，地域特色也较明显，但那里的环境容量是有限的，发展乡村旅游时要对接待容量有效的控制，旅游活动量要控制在环境承载力之内。还要增强居民与旅游者对生态环保的意识，以实现乡村旅游资源的可持续利用。

2. 乡村社会与文化的可持续发展

乡村社会与文化可持续发展指发展乡村旅游要提高人们对生活的控制力，并与文化价值观相协调，维护与增强社区的个性化。乡村社会与文化可持续发展要求开发旅游区时要确定社区的承载力，通过措施把旅游所带来的消极影响控制在临界点上；还要借助政府力量制定法规来保护地方文化与特色，利用宣传让游客尊重乡村文化与风俗习惯，鼓舞居民自爱、自尊，并利用旅游让他们相信能够增强所在地的社会认同与对文化的尊重。

### 3. 乡村经济的可持续发展

经济效益是经营者与相关部门投入的回报，这是乡村发展旅游的目标之一，也是乡村旅游供给因素。即发展乡村旅游应有合适的投资回报，乡村旅游要带来不低于开发资金的游客量，以维持当地供给水平。但这种规模取决于当地的经济实力，即乡村旅游规模必须与当地经济发展水平相匹配。经济可持续的发展要求效益取得要以资源有效利用与管理为前提，按照游客对乡村旅游的需要，针对特有资源开发乡村旅游产品，并合理控制、有效管理，以获得最大经济效益促进乡村经济发展。

### （三）乡村旅游可持续发展系统理论的研究

#### 1. 乡村旅游可持续发展的运行结构

系统是由相互作用和相互依赖的若干组成部分结合而成的具有特定功能的有机整体，系统各单元间、系统间都存在物质、能量、信息等的流动。而旅游活动本来就是由各子系统所组成的巨大系统。驱动乡村旅游发展的动力系统主要由乡村旅游需求子系统、乡村旅游供给子系统、乡村旅游媒介子系统、乡村旅游支持子系统4个子系统组成，需求子系统和供给子系统是推动乡村旅游发展最主要的两个子系统。乡村旅游系统结构是由旅游客源市场系统、目的地系统与支持系统组成。

（1）乡村旅游可持续发展的系统结构

客源市场：指旅游地现实与潜在的购买者。旅游客源市场的形成受到游客偏好、闲暇时间、收入额度等影响，也受到购买者所在地经济、文化、旅游政策等因素的影响。依据各种分类标准可将客源市场分为不同子系统，按地域分类划分，可分为国际、国内旅游客源市场；按人口年龄分类划分，可分为老年人、成年人、青年人市场；按消费行为分类划分，可分为观光、度假、商务旅游市场等。客源市场具有旅游需求的多样性、旅游需求的可诱导性、旅游客源市场的季节性的特点。

目的地：旅游目的地系统主要指为已经到达出行终点的游客提供游览、娱乐、食宿、购物、享受、体验或某些特殊服务等旅游需求的多种因素的综合体。在旅游系统中，旅游目的地系统是非常重要的，它是产品生产的场所，也是消费者消费产品的场所。它包括 3 个方面，旅游吸引物、旅游设施、旅游管理和服务。其中吸引物是决定性系统，它包括自然景观、人文景观吸引物，旅游设施是驱动吸引物变成旅游产品的重要因子，它包括基础设施、接待设施、娱乐设施、购物设施等。旅游管理和服务包括游客与经营者的管理与服务，政府为游客提供优质管理和服务，以提升目的地的形象，创造良好的旅游环境和优质服务，以增强目的地的吸引力。

支持系统：是旅游发展的大环境，是辅助乡村旅游发展的系统。它包括交通设施、旅游出行子系统，社会文化、决策、媒体等子系统。出行子系统提供游客与目的地间的交通服务项目，旅行社提供咨询、服务、通信、网络服务等项目。社会文化子系统包括旅游目的地的经营环境，居民对游客的态度，保证乡村旅游发展的可持续性。旅游决策子系统指旅游目的地政府从宏观角度，通过制定政策、对乡村目的地进行规划、建立有效的管理体制和对乡村旅游行业进行管理等手段，推动乡村旅游的发展。科学的决策、顺畅的管理体制和管理系统，是保证乡村旅游协调、稳步发展的重要条件。

各子系统间的内在关系：在乡村旅游的可持续发展中，客源市场、目的地与支持系统间都是相互作用和影响的。客源市场是推动乡村旅游产品生产、满足游客消费需求、促进乡村旅游开发的引擎。旅游目的地是乡村旅游可持续发展的基础，生产乡村旅游产品并从中获得社会经济效益。支持系统是从硬件与软件两层面对乡村旅游的持续发展提供支持，其中媒体是联系游客需求与产品供给的主要系统，它向游客介绍乡村旅游产品并引导他们去消费，再按照游客新的需求对目的地产品进行引导。

（2）乡村旅游可持续发展的系统特征与功能

①系统特征。

乡村旅游可持续发展系统的复杂性：这一特征体现在内部结构的复杂与影响因素的复杂性中。在乡村旅游可持续发展体系中有许多子系统，它们集成乡村旅游可持续发展的整体。在这一整体系统中，子系统都有自己的目标，并充当不可或缺的角色。乡村旅游可持续发展系统的运转应考虑国际、国家与地方等因素的影响，也应考虑旅游地政府、企业、行业协会等因素的影响。

乡村旅游可持续发展系统的关联性：指乡村旅游可持续发展系统中子系统间的联系，它决定了整个系统的运行效益。例如，在客源市场中，游客数量决定了发展的规模与经济效益，游客的偏好影响着发展的方向。旅游资源配置决定了产品的结构，也影响着乡村旅游发展的选择。乡村旅游可持续发展系统目标与环境的不断变化，让各子系统的联系发生相应的变化。

乡村旅游可持续发展系统的适应性：它是乡村旅游可持续发展系统演进的基础，乡村旅游可持续发展必然会生存在一个更大的"外在环境"之中，并在一定环境中运行与演化，在这个过程中，各子系统间、内部和外部的环境都会发生作用，让整体系统获得不同信息并调整结构与运行的机制。乡村旅游可持续发展中子系统相互作用与博弈，以适应乡村旅游可持续发展的外部环境变化。

乡村旅游可持续发展系统的反馈性：这是乡村旅游可持续发展系统固有的特征，指所输出的旅游产品，以旅游产品新信息输入系统内部，再重新输出，是影响系统的循环过程。乡村旅游可持续发展系统包括正、负反馈两种，正反馈对系统状态产生强化作用，负反馈产生削弱作用。例如，政府扶持与设施改善因素起到的就是正反馈作用，而乡村环境恶化或危机事件发生等则起到负反馈作用，会让乡村旅游发展状态偏离稳定。按照这些特征，以正、负反馈调整的方式干预系统，驱动乡村旅游可持续发展系统的演进与运行，调整、完善系统结构与功能，促进与改变系统的演变进程。

②系统功能。

促进乡村旅游形成发展合力：乡村旅游可持续发展系统中子系统受很多力量的制约，这些影响力量中有的起到促进作用，有的起到阻碍作用。建构一个完整的乡村旅游可持续发展系统可以帮助将这些力量整合到一起，形成促进乡村旅游发展合力，令其持续地发展下去。

促进乡村旅游要素优化组合：乡村旅游有着强大的经济带动能力，能够带动相关产业的发展。对乡村旅游可持续发展系统的建构能促进旅游要素与乡村旅游产品的组合，并优化系统中各要素间的相互联系与作用，以提高乡村旅游经济的效益。

促进乡村旅游发展的可持续性动力：乡村旅游发展系统属于自我组织的系统，它的子系统间是可以自我调控的，此系统在动态和外部的环境中是相互适应的。在发展系统中，乡村旅游产品生产和游客消费同时进行，在满足游客消费需求中也实现了社会经济的效益，以此促进乡村旅游可持续的发展。

2. 运行环境

WTO 将可持续旅游定义为可以提高旅游地居民生产质量，并向旅游者提供旅游体验，满足游客与居民需求的同时，保证旅游环境不被破坏等特征。按照这一定义，从旅游地的社会文化、生态、经济、政策法规、技术环境等方面对乡村旅游可持续发展运行环境加以研究。

（1）社会文化环境

在旅游地运行环境中，旅游地的社会文化环境是最重要也是最深刻的变量。它由特定价值观念、审美观念、风俗习惯与行为方式等构成，由历史发展而形成，对人们消费观念、生活方式、需求欲望等产生影响与制约，也直接影响着旅游地的发展。

对旅游地社会文化环境研究可以从以下三个方面入手：第一，教育状况分析。教育程度影响着旅游消费者对产品服务水平与质量的要求，文化教育水平高的对产品附加功能的要求也较高。因此，对产品开发、定价、促销活动时要考虑消费者受教育程度的影响，同时采用不同的策略。第二，价值观念分析。各地区人们的价值观念有较大的差异，因此会对产品服务水平或促销方式会产生各种意见与态度。旅游地的营销要按照消费者价值观念进行设计产品与服务提供。第三，消费习俗分析。消费习俗是当地人在社会经济活动中形成的习惯与方式，它影响着人们对旅游产品的要求，有利于旅游产品的生产。

旅游地社会文化的可持续性，由旅游地社会文化环境不被影响或削弱来决定，意味着对旅游地社会认同与资本的尊重、对当地文化与资产的尊重，更意味着对当地社会凝聚力的尊重。所以旅游地社会文化可持续发展的实现，要让居民对地方文化有自豪感和认同感，并进行宣传，让旅游者对当地风土人情与民俗文化有深入的了解，并对当地风俗习惯有充分的尊重。在开发中，要对旅游地社会文化资源独特性有充分的尊重，挖掘更多的特色社会文化资源，让游客了解与享受旅游地社会文化资源，才会让其可持续地发展下去。

（2）生态环境

生态环境指旅游地的水、土地、特征、气候资源的数量和质量的总称，它对旅游地社会经济可持续的发展有着极大的影响。旅游地生态环境的特征是：第一，内容的广泛性，包括地质、地貌、水体、自然保护区、动植物等自然因素和人工改造的自然因素，这些因素共同构成生态环境。第二，要素的脆弱性，旅游活动让生态环境要素产生周期性与随机性的变化、线性与非线性变化、渐进与突变性变化等。第三，形式的地域性，旅游目的地生态环境有地域差异，都有着迥异的风格。第四，数量的稀缺性，人们的需求不断增加，使旅游生态环境数量稀缺。旅游地生态环境问题表现为自然环境的先天脆弱、严重的水土流失、扩大荒漠化、紧缺的水资源、面临危机的天然林与野生动植物等，究其原因就是人的经济行为不当、旅游活动不规范、旅游开发过度、旅游地生态环境的破坏。

在乡村旅游可持续发展内涵中，生态的可持续性是基础内容，它对旅游地自然资源和生命系统组成有不可或缺的作用。保护生态环境可持续发展，就要保持生命依赖生态系统与支持体的完整；保持一切生命形式，确保人口动态分布的可持续性。系统学理论中，旅游地自然生态、社会、文化、经济、政策组成了社会大系统，自然生态系统的良性发展是旅游地可持续发展的基础。开发利用自然生态系统时，不可以超过其自身的恢复阈值，旅游地景观生态属性与环境状况是决定开发方向与利用程度的重要因素。所以，乡村旅游的可持续发展是建立在生态系统可持续发展基础上的，要对生态资源的价值与使用价值有一个充分的认识，在分析旅游地自然与社会承载力的综合因素上，利用合适的旅游容量控制对生态系统的破坏，以实现生态系统的可持续发展。

（3）经济环境

旅游地经济环境由当地经济水平、经济结构、经济政策、购买力、消费水平等要素构成。它的可持续发展是旅游可持续发展的基础，没有经济可持续发展就说不上旅游其他方面的可持续发展。

旅游地经济可持续发展应在可控制水平上实现经济发展增长率的优化，为此，可以通过国家旅游经济总量之间的关系、国民经济增长和旅游需求的关系、构成乡村旅游产业的各要素部门的运行规律及旅游业和其他产业发展的协调程度等反映旅游地经济环境作为乡村旅游系统决策的重要依据。

旅游地经济可持续发展的中心应是旅游地市场服务质量与水平的提高。我国经济与生活水平的发展并提高，市场服务质量与水平也要随之提高，这样才可以实现旅游快速发展，因此要加强市场规范与管理，以提高服务质量与水平为中心，提高旅游地市场服务意识与效率。

（4）政治法规环境

旅游地政治法规是那些对旅游地有制约和影响的政府政策、管制，政治力量或立法等因素。政策制度、法律法规、政府干预等因素在一定程度上都会对乡村旅游地的产品开发、市场供需、游客行为、投资资金等产生影响。因此，建构良好的政治法律环境有利于促进乡村旅游可持续的发展。

对旅游地政治法律环境的研究可分为以下两方面入手。第一，政治环境分析。它会对旅游地经营状况造成直接的影响，在发展旅游地时要求经营者理解并执行各项政策、法规，以便制定出旅游地正确的经营战略。政治环境分析包括政府政策的稳定与连续性，也包括政府对旅游地发展可能造成的影响，政府是供应者，拥有土地与国家储备，政府对旅游地的发展战略有着极大的影响；政府也是购买者，以采购等方式培育旅游地市场机会，另外政治团体会对政府决策方式加以影响从而对旅游地发展造成一定的影响，也会利用传播媒介、诉诸法律等方式对旅游地的发展造成影响。政治的可持续性要求相关部门制定与执行协调一致的相关政策，它涉及利益相关者的合作与居民参与，可以说旅游地居民的参与是旅游可持续发展得以实现的先决条件。第二，法律因素分析。市场经济的不断发展，政府管理方式从行政管理转向了法治管理。法律法规对旅游地发展加以限制，并保障它的合理竞争和正当权利。法治既包括法律制度又包括法律实施与监督活动，是司法、执法、立法、守法与法律监督的有机统一。要对环境进行法治制理，整顿旅游市场经济，要加强法制观念；旅游目的地行政执法体系的完善包括建立健全的行政执法机构、优化旅游执法与执权结构、运行执法体系机制；探寻合理的司法途径，可建立司法介入程序，增加法庭有效性，行使旅游协会调解、处罚等职能，化解行业纠纷，也包括提供司法救济，同意相对人利用司法途径得到救济；完善法律监督，建立监督主体，设立事前监管，采取措施论证，接受监督在萌芽时就把事故给消灭掉，以促进旅游可持续的发展。

政治的可持续性需要有效的协调、控制政策，各部门以协调一致的方式制定并执行政策，并意识到跨部门政策所带来的影响。只有正确把握旅游发展所要面临的政治、制度、法律等环境才会制定出乡村旅游可持续发展正确的政策。酒店设施也是基础设施的重要组成，它提供给游客食物、住宿与服务。酒店是游客临时居住的地方，要求服务设施具备实用性，让他们安全、舒适。服务质量是对酒店经营管理的衡量标准，优质的服务会增加客源，提高效益。因此，在建设旅游酒店设施时要考虑交通与客源的问题。还要因地制宜，反映地方特色与旅游景观的相互辉映。

通信、交通、信息系统技术对现代旅游发展有着重要的影响，也是实现旅游地可持续发展的核心所在。一个先进的信息、电子商务能带给旅游地更多的便利条件，通信网络可以让利益相关者互换信息，用互联网开拓市场。一些国外旅游地已采用先进的通信与交通技术、高效能源资源、软移动系统、无害农业技术等。因此，旅游地可持续发展运用对生态环境有着较小影响的设备与技术，以减少旅游发展对生态环境所造成的影响。

（5）设施技术环境

旅游地基础设施指旅游地为满足游客游览而建设的物质设施的总称。它包括通信、交通等设施。在乡村旅游发展中，通信设施是不可缺少的部分，它包括电话、网络，通信条件的便捷让旅游地和外界的联系更加紧密。交通是基础条件，包括了对外与内部两方面。对外交通，连接着客源地与目的地，如水路、陆路、航空交通，以实现乡村旅游快捷、舒适的要求。而内部交通连接着旅游地各景点，乡村旅游对其的要求是行走舒适，景观与道路协调。

# 第二章　乡村旅游发展的类型

## 第一节　乡村旅游发展的核心理念

发展理念是事物发展的法则，也是发展行动的先导。发展理念正确与否，从根本上决定着发展的成效乃至成败。五大发展理念：创新、协调、绿色、开放、共享。乡村旅游发展亦是如此，创新是驱动乡村旅游发展的动力之源，协调是统筹乡村旅游全局的重要法宝，绿色是把握乡村旅游精髓的根本要义，开放是促进乡村旅游繁荣的必由之路，共享是实现乡村旅游价值的本质要求。毫无疑问，五大发展理念是引领乡村旅游发展的主旋律，在我国乡村旅游发展历程中具有里程碑式的意义。从增强乡村旅游吸引力、提升乡村旅游竞争力和保障乡村旅游可持续发展的角度来看，保护乡村意象、实现多维创新、促进利益均衡是乡村旅游发展核心理念的题中应有之义，与五大发展理念存在深度契合。

### 一、乡村意象：乡村旅游吸引力的本源

乡村旅游以城市居民为主要客源市场，那么，城市居民因何而对乡村产生如此强烈的旅游诉求呢？这是关于乡村旅游需求的"元问题"。答案也是显而易见的，城市中快节奏、高压力、程式化的生活派生出大量的诸如紧张、忙碌、倦怠等"城市文明病"症候群，加上无休止的交通拥堵、空气污染等，都在不同程度地诱发其"结庐入境，返璞归真"的愿望。正是乡村提供了这样一个平台，乡村的田野让人自由伸展，乡村的风情让人流连忘返，那些原初的乡村意象对于城市居民具有"致命"的诱惑。

### （一）作为旅游本底吸引物的乡村意象

"意象"一词是文学、美学领域经常使用的术语，"意"就是意念，"象"就是物象，"意象"的原义是指用来寄托主观情思的客观物象。城市对于大众来说，具有"可读性"和"可意象性"。城市所具有的这种独特的感知形象，即所谓的城市意象。实际上，乡村的历史远比城市久远，在人们头脑里更是形成了普遍认知的"共同的心理图像"，这种乡村意象是乡村区别于城市的主要文化内涵与外在表象，也是乡村吸引城市居民的根本所在。

乡村意象具有极为丰富的内涵。乡村意象由乡村景观意象和乡村文化意象构成，前者是基于乡村的一种表层性认识，后者内蕴在前者之中，且通过物化的景观表现出来，是乡村意象的深层次内核。乡村景观意象又包括乡村聚落景观意象、乡村建筑景观意象和乡村环境景观意象；多村文化意象则包括乡村传统文化意象和"天人合一"意象。

聚落是人类活动的中心，它既是人们居住、生活、休闲和进行社会活动的场所，也是人们进行劳动生产的场所。我国乡村聚落的分布、形态和内部结构呈现出典型的多样化和地域性特征。例如，在农区或林区，村落通常是固定的；在牧区，定居聚落、季节性聚落和游牧的帐幕聚落兼而有之；在渔业区，还有以舟为居室的船户村，这种乡村聚落景观意象反映了村民们独特的生活方式，往往成为区别于其他乡村的显著标志。

建筑是人们为了满足社会生活需要，利用所掌握的物质技术手段，并运用一定的科学规律、风水理念和美学法则创造的人工环境。乡村建筑有居住建筑、公用建筑和生产性建筑3种形式，其形式和内容随自然条件、建设材料、经济水平和风俗习惯等的不同而千差万别，如黄土高原的窑洞、八闽客家的土楼、华北地区的四合院等，这种差异性是乡村建筑景观意象形成旅游吸引力的关键要素。

环境总是相对于某一中心事物而言的。乡村环境是指围绕乡村人地关系而构成的生态平衡的有机整体。中国的大部分乡村均为坐北朝南、倚山面水之势，这种乡村环境具有良好的生态学价值，是人与自然环境和谐相依的典型例证。

乡村传统文化意象是乡村传统文化的缩影，由乡村的一些地方性、传统性景观表现出来。乡土建筑、乡风民俗、乡村劳作形式这些可视化的乡村景观都蕴含着丰富的传统文化基因。建筑文化是乡村传统文化的重要组成部分，乡土建筑不单是一个视觉现象问题，在它背后反映着这一建筑的时代、社会和文化。

"天人合一"的思想观念是中国文化的精髓，体现了古代先贤对人与自然和平共处关系的智慧认知，它最早由庄子阐述，后被董仲舒发扬，对后世东方哲学产生了深远影响。当我们在现代化都市大兴土木，粉饰和精致于技术文明的繁荣假象之中时，实际上正在远离居住的精神实质。"天人合一"意象是人本性的一种回归，乡村保持了居住与环境的真实接触，延绵着人与环境的连续性，为寻找精神本质的城市游客提供了这种回归的可能。越是原初的乡村，越能感受到"天人合一"的力量，这种力量在乡村聚落、建筑、环境与传统文化中散发出人性的光芒。

**（二）乡村意象的保护与再造**

在社会主义新农村建设和乡村城镇化的发展进程中，很容易走上对传统乡村大拆大建、贪新求洋的误区，继而造成乡村景观硬质化、乡村文化世俗化的不良结果，乡村意象的式微必然导致乡村旅游吸引力的逐步丧失。因此，乡村意象的保护与再造对于乡村旅游发展来说就显得非常重要。

所谓保护乡村意象，简言之就是尽量保持乡村原来的样子，让人可以身临其境地找回关于乡村的记忆。保持乡村性，坚持"五原"是关键，即坚持原住房、原住民、原生活、原生产和原生态。原住房是乡村历史的见证，不论是石头房、砖瓦房，还是木头房、泥巴房，都承载着不同的生活故事，使其像陈酒一样历久弥香。文化创意与乡村旅游开发的结合，更是让那些日益沉静凋敝的原住房重焕生机；原住民是乡村旅游的活力和源泉，也是乡村文化的传承人和展示者，没有原住民参与的乡村旅游必将失去其生命力；原生活就是展现当地老百姓朴实的生活状态，小孩在溪塘边戏水、老人在庭院前闲坐、妇女们聚拢着一边做手工一边闲聊等生活场景,都可以带给旅游者触动心灵的体验;原生产则是农耕文化的展示与体验、农业与旅游的互动融合,是乡村旅游的魅力所在;原生态是乡村与城市相比最大的财富,原草原木、土生土长、野汁野味构成了乡村旅游的独特卖点,一定不能用现代、时尚来破坏乡村的原生态。尽管随着经济和社会的发展,我国的传统乡村面临着现代转型,但从发展乡村旅游的需要出发,这种现代转型更多应该是内部功能的现代化,而不是外部景观意象的去乡村化。

对乡村意象的保护并不是要求对乡村景观的全盘保留,还需要适当对其进行选择性再造,对一些落后的生产生活习惯,特别是迷信风俗活动,要进行严格控制;对破旧的房屋建筑、文物古迹要进行及时修葺。社区营造是乡村意象再造的重要方法。社区是指人群聚集的所在,系指地区性的居住环境,以及附于其上的生活、历史、产业、文化与环境等多角度的意义,并且隐含着"故乡"的情感意识;"营造"一词则具有"造作"与"行动"的意思,强调自发性与共同参与的行动。乡村社区营造强调"在地认同"经验,通过整合"人、文、地、景、产"五大要素,积极发展地域特色,为乡村注入新的活力。特别是那些由于自然灾害导致乡村严重受损而面目全非的情况,乡村社区营造显得尤为重要。

## 二、多维创新:乡村旅游竞争力的引擎

创新是引领发展的第一动力,也是形成核心竞争力的必要手段。经济发展"新常态"时期,国家已经吹响了"万众创新""创新驱动"的响亮号角。在日益激烈的旅游市场竞争环境中,乡村旅游发展唯有不断创新才能永葆活力,才能始终立于不败之地。

### (一)创新理论与旅游创新系统

"创新"一词起源于拉丁语,它有3层含义:第一,改变优化;第二,更新换代;第三,创造新的东西。从不同的学科视角,对创新概念的理解也有所不同。从哲学上说,创新是人的实践行为,即人类通过物质世界的再创造,制造新的矛盾关系,形成新的物质形态。社会学视域下的创新是指人们为了发展的需要,运用已

知的信息，不断突破常规，发现或产生某种新颖、独特的有社会价值或个人价值的新事物、新思想的活动。经济学上，创新就是建立一种新的生产函数，把一种从来没有的生产要素和生产条件相结合引入生产体系，从而形成新的生产能力。它包括 5 种情况：采用一种新的产品；采用一种新的生产方法；开辟一个新的市场；掠取或控制原材料或半制成品的一种新的供应来源；实现任何两种工业的新的组织。

创新理论开始朝着两个方向发展：一是技术创新学派，从技术的创新与模仿、推广、转移的关系角度对技术创新进行了深入研究；二是制度创新学派，研究制度因素与企业技术创新和经济效益之间的关系，强调制度安排和制度环境对经济发展的重要性。

1987 年，克里斯托弗·弗里曼（Christopher Freeman）在《技术和经济运行：来自日本的经验》中，首次提出了"国家创新系统"的概念，标志着创新理论发展进入新阶段，这一时期创新系统成为学者研究的重点领域之一；1992 年，英国学者库克（Cooke）提出"区域创新系统"的概念；1998 年，桑波（Sundbo）提出"服务创新系统"的概念，首次将创新系统理论运用到服务业。相对而言，"旅游创新系统"的概念出现得较晚，马特森（Mattsson）认为运用到旅游部门的创新系统的普遍性观念是一个比制造业和其他服务业更松散连接的系统，可以恰当地定义为"一个网络"，并认为基于吸引物的旅游创新系统的模式包括吸引物、场景、场景制造者、场景接受者和场景制造与旅游企业，以及其他企业间的社会或合作网络等众多因素。旅游创新系统是旅游企业中影响学习和创新的经济结构的部分和某方面以及建立的制度，它可以限于一个国家、一个区域或一个旅游目的地，也可以是旅游企业的部门。对旅游创新系统概念的把握应该从 3 个方面着手：一是强调"区域"理念，空间尺度是旅游创新系统的重要指标；二是促进旅游创新功能的实现应当从"旅游活动"而不是"旅游产业"的视角来展开；三是多重旅游创新主体之间的交互作用，是旅游创新系统功能实现的核心环节。这些旅游创新系统研究成果，为乡村旅游发展的创新实践提供了有益的理论指导。

**（二）乡村旅游创新体系的多维构建**

学术界关于乡村旅游的研究成果颇丰，但涉及乡村旅游创新议题的成果却不多见。国内学者在乡村旅游创新领域主要侧重于 3 个方面的研究：乡村旅游产品创新、乡村旅游经营管理创新和乡村旅游资源创新。同时，基于创新理论和系统原则，以产品创新、经营创新、市场创新、供应链创新和组织创新这 5 个关键要素为切入点，构建了乡村旅游创新路径模型。从旅游规划、发展政策和企业经营管理 3 个方面对乡村旅游创新体系进行了构建。乡村旅游创新是一个多维价值创造的实践过程，其体系构建应该从全价值链的角度来着手。所谓全价值链，是指在全方位考虑产业价值链上引发价值活动的各项价值关联要素的基础上，贯穿于产业内、外部价值链系统中价值创造和价值增值全过程的一个集合体，其目的是创造出最大的综合价值。全价值链由各项价值关联要素组织的价值链模块纵横相连而成，具备模块化和网状结构特征。乡村旅游发展的基本原理揭示出政策、业态、产品、规划和管理 5 项内生或外附加值要素，在乡村旅游经济运行中均发挥了重要效用，其中政策属于价值支撑要素、业态属于价值基础要素、产品属于价值核心要素、规划属于价值提升要素、管理属于价值保障要素。

政策是国家政权机关、政党组织和其他社会政治集团为了实现自己所代表的阶级、阶层的利益与意志，以权威形式标准化地规定在一定时期内应该达到的奋斗目标、遵循的行动原则、完成的明确任务、实行的工作方式、采取的一般步骤和具体措施。在乡村旅游政策创新方面，相关政策推动农村土地所有权、承包权和经营权三权分立，加大乡村旅游投融资渠道和平台建设与税收优惠力度，完善乡村旅游行业规范标准等均大有可为。

"业态"是一个舶来词，最初应用于流动领域中的零售业，后来被引入旅游研究之中。旅游业态是指旅游组织为适应市场需求变化进行要素组合而引致的经营形式。在乡村旅游转型升级的发展过程中，通过与第一、二、三产业的融合促进旅游业态创新是形成新的旅游经济增长点的必然选择。

### 三、利益均衡：乡村旅游可持续发展的基石

在各地乡村旅游开发的过程中，去经常出现因各方利益分配不公平而引发矛盾甚至冲突的现象，致使乡村旅游的可持续发展面临诸多挑战。因此，必须通过机制创新来实现乡村旅游发展利益相关者之间的利益均衡，这是乡村旅游可持续发展的基石。

### （一）多元化利益主体及其利益诉求

在社会主义市场经济条件下，我国乡村旅游开发基本上遵循"政府引导、企业参与、市场运作、群众受益"原则，由此也决定了地方政府、旅游企业和社区居民三者在乡村旅游目的地的核心利益主体地位，其利益互动关系主要围绕旅游项目的征地补偿、旅游运营中的利益分配等问题展开。

地方政府在乡村旅游发展过程中扮演着不可或缺的重要角色。出于对旅游扶贫功能和带动效应的认知，政府对待乡村旅游开发的态度大多是积极主动甚至不遗余力地，其行为表现为对当地旅游资源潜力的大力宣扬、对外来旅游投资者的极力游说等。政府的优势在于可以合理地运用政策工具来引导、激励或监管其他利益相关者的乡村旅游开发行为。政府职能具有超越性、公共性、自主性和公正性，因此要求其在宏观调控乡村旅游发展时，将增加财政收入、扩大就业机会、促进农民增收、优化生态环境等都纳入其目标体系之中。

旅游企业以外来投资者的姿态通过市场化途径介入乡村旅游开发中来。资金短缺是我国大部分乡村地区发展旅游业遇到的共同困境，作为"资金携带者"，旅游企业在与当地其他利益相关者的博弈中先天占有主动权，能轻而易举地成为其中的强势利益集团，这种强势主要体现为旅游项目征地时较强的议价能力和对旅游项目本身的运营掌控。当然，相对于政府而言，旅游企业在乡村旅游开发中的利益诉求往往单一而明确，即追求投资效益的最大化。

社区居民是乡村旅游目的地的东道主和参与主体，他们既是旅游发展带来的

积极影响的受益者，也是旅游发展带来的消极影响的承受者，其利益关注点相对较多，涉及经济利益、文化利益、生态利益等各个方面。他们希望通过旅游开发带来的市场机会提高家庭收入和生活水平；希望作为旅游发展土地的提供者而获得相应的经济补偿和公平的就业机会；希望在旅游发展中享有重大决策的"个人参政权"；希望旅游的发展不会使本地传统文化和生态环境遭到破坏；希望旅游的发展不会带来生活资料，如水、电、道路等公用设施使用紧张而降低其生活质量。然而，一个显见的事实是，囿于自身文化素质、技术水平、凝聚能力等各种因素，社区居民通常处于乡村旅游目的地利益相关者群体中的弱势地位，其核心利益往往很难得到根本保障。

**（二）建立健全兼顾公平的利益均衡机制**

在"美丽中国"宏伟目标的指引下，不仅要建设好"美丽乡村"，还要建设好"和谐乡村"。要实现乡村旅游的和谐可持续发展，必须构建起兼顾公平的利益均衡机制，主要包括建立健全利益导向机制、利益表达机制和利益调节机制。

一是要建立合理的利益导向机制。利益导向机制是乡村旅游目的地利益均衡机制的基础和前提，其基本目标是引导多元利益主体共同形成与社会主义市场经济相适应的利益观，牢固树立乡村旅游发展过程中"利益均沾、公平公正、和而不同"的价值理念。发挥利益导向机制的作用，地方政府作为公共权力掌握者和实施者负有重大的主体责任。一方面，地方政府要始终保持清醒的自我角色认知和行为自觉，既要规避与民争利，又要规避权力寻租；另一方面，地方政府还应通过利益观的教育宣传来提高乡村旅游目的地其他核心利益主体对其利益诉求合理性边界或合法性边界的理性认知能力，从而避免旅游企业对经济利益的无度索求和社区居民对个人利益的暴力抗争。因此，利益导向机制实际上是一个将多元利益目标由个体最优向全局最优进行有机整合的过程。

二是要建立畅通的利益表达机制。利益表达机制是公共政策科学化的重要条件，体现出一种自下而上的民主性。对于处于弱势地位的乡村社区居民而言，其利益表达权更应得到充分的尊重，这也是完善乡村旅游目的地利益表达机制的重中之重。首先，应从制度设计上保证社区居民的知情权与话语权，如实行涉及乡村旅游开发重大问题的政策在正式决定前公示和听证制度；其次，要加强社区居民的利益表达能力，应当鼓励农民成立各种合法的团体组织，通过它们将散射性的个体利益诉求凝聚为群体利益诉求，这样不仅能增强利益表达的分量，而且可以降低利益表达的成本，提高利益表达的效率；最后，要通过多种途径使社区居民对各类合法的利益表达方式有所了解，防止各种消极对抗行为的发生。

三是要建立有效的利益调节机制。利益调节机制是乡村旅游目的地利益均衡机制的核心内容，它所关注的是利益如何分配与调整的问题，尤其是对经济利益的统筹协调。从保障社会公平的角度来讲，利益调节机制应着重体现出对乡村旅游目的地强势利益主体的利益约束和对弱势利益主体的利益补偿。利益约束是为了规范旅游企业的逐利行为，法律制度和道德规范是利益约束的重要手段。通过法律约束，可以确保旅游企业通过合法途径获取应当利益；通过道德约束，则可以从内生层面引导旅游企业自觉调整利益需求，正确处理利益关系。利益补偿的对象是乡村社区居民，在补偿制度的设计上，既要考虑旅游建设征地对失地农民生产生活的实际影响，提高农民在土地增值收益中的分配比例；也要考虑到旅游开发带来的资源耗减和环境损失，进行相应的生态补偿。

# 第二节　新型城镇化与乡村旅游发展

城镇化是我国现代化建设的历史任务，也是扩大内需的最大潜力所在。改革开放以来，中国的城镇化发展主要以工业化为依托，因此造成了能源过度消耗、环境日益恶化、生态系统不断退化等一系列负面影响。随着市场经济的发展，工业发展对于城镇化的边际效应逐渐减弱，第三产业则成为城镇化新的动力源泉。新型城镇化是以城乡统筹、城乡一体、产城互动、节约集约、生态宜居、和谐发展为基本特征的城镇化，是大中小城市、小城镇、新型农村社区协调发展、互促共进的城镇化。乡村旅游发展与新型城镇化有着天然的耦合关系，通过发展乡村旅游带动城镇化发展，符合国家生态文明建设的要求，它所形成的人群聚集、消费聚集、服务聚集在很大程度上正是乡村地区特色城镇化发展的表征。

## 一、乡村旅游城镇化的内涵

"城镇化"和"城市化"两个概念在英文中都是一个词——urbanization，但在实际运用中却体现出一定的差异。"城市化"是国际上通用的概念，是指城市不断发展完善、乡村人口不断向城市人口转变、乡村型社会不断向城市型社会转变的历史过程。而"城镇化"是一个具有中国特色的概念，主要是指农村人口由第一产业向第二、三产业进行职业转换，居住地由乡村地区向城镇地区异地迁移的空间聚集过程，或者是传统乡村地区由于产业结构调整和优化逐渐实现城镇功能的演进变迁过程，包括"异地城镇化"和"就地城镇化"两种基本类型。对比两个概念的界定可知，国际上普遍认为城市化的研究对象是城市，关注城市的升级、扩张及对农村人口的吸纳；而中国的城镇化更多的是将研究的重点放在乡村地区的变迁上，关注农村面貌、农民生活方式等方面的改变，其核心是解决农民的"市民化"问题。可以说，乡村地区城镇化是我国学者特有的一个研究领域。

乡村旅游城镇化是中国特色新型城镇化的重要组成部分。推动乡村旅游与新型城镇化有机结合，合理利用民族村寨、古村古镇，发展有历史记忆、地域特色、民族特点的旅游小镇，建设一批特色景观旅游名镇名村。现有的相关研究成果大多将"旅游城镇化"与"旅游城市化"的概念混为一谈，只有少数学者观照到两者之间的差别。邱志云认为旅游城镇化是指以旅游产业发展，特别是以旅游为主导或支柱产业发展为目标引发的城镇化现象，或者说以旅游为主要动力的城镇化现象，继而针对民族区域的特点进一步指出旅游城镇化是一种以文化差异消费为基础，以旅游资源（旅游目的地）为引力场，以吸引外来游客形成旅游流的临时性集聚，从而带动旅游目的地有关城镇要素的集聚及部分人口长住并循环累积的现象。焦华富和丁娟等人认为，旅游城镇化是指发展旅游业的地区为了给旅游者提供交通、游览、食宿、娱乐、购物等一系列服务，使生产、提供这些商品和服务的行业与居民大量在此聚集，逐渐形成具有明显职能特色的城镇的过程。王红等人认为旅游城镇化是以旅游业的发展为动力并通过旅游业的发展推动旅游目的地人口和产业的集聚及城镇在空间上扩张和重构的过程。上述观点均强调了旅游业在城镇化进程中的主体地位和要素聚集功能，从不同侧面揭示出旅游城镇化的本质特性。

诚然，旅游业在消费带动、产业带动、价值提升、生态效应、幸福价值效应等方面的特性，决定了其引导的乡村地区城镇化在城乡统筹、生态环境、解决就业等方面均有不俗表现。据此，我们提出乡村旅游城镇化是指以旅游产业为核心动力推进乡村地区的产业转型、集聚、融合与升级，从而实现乡村地区全面向城镇形态演化发展的动态过程。与以工业化为依托推动的城镇化相比，乡村旅游城镇化具有以下4个方面的特征。一是人本特征。乡村旅游城镇化要以人为核心，致力于满足乡村广大农民群众物质、精神、文化、心理等各方面的需求，全方位提升其生活质量和幸福指数。灵活多样的就业选择、洁亮绿美的居住环境、完善便利的公共服务、文明健康的生活方式、积极进步的社会观念等，都应成为乡村旅游城镇化追求的目标。二是空间特征。空间特征表现为就地城镇化，旅游开发建设能够带动各种生产要素和消费要素迅速向具有发展条件的乡村地区集中，并充分吸纳当地农民就业、非农民就业甚至吸引外出剩余劳动力回流就业，随着乡村旅游目的地综合功能的不断完善，逐渐呈现出新城镇面貌。需要指出的是，这种就地城镇化不是要将"黄土地"的传统乡村地区全盘变成"水泥地"的现代城镇，而是在充分保留乡村意象的前提下，有选择性地依托旅游中心村培育具有综合服务功能的新城镇，将散落的农村居民点适时适度地聚集发展为新社区，实现土地资源的高效集约化利用气三是产业特征。产业特征表现为以旅游产业为主导，融农业、商业、加工业、房地产业等多业态于一体的产业格局。四是生态特征。旅游业被称为"无烟工业"，不仅是低能耗、低排放、低污染的资源节约型和环境友好型产业，其发展还可以改善和美化环境，因而也决定了乡村旅游城镇化是一种积极的、生态型、内涵式、可持续发展的城镇化。

## 二、乡村旅游城镇化发展的动力机制

动力机制是指一个社会、区域、业态赖以运动、发展、变化的不同层级关系和其产生的推动力量，以及它们产生、传导并发生作用的过程、机理与方式。乡村旅游城镇化是多方作用力共同推动发展的过程，既包括资源引动力、就业拉动力等内生动力，也包括政府驱动力、市场推动力等外生动力。

### （一）资源引动力

乡村旅游城镇化是旅游引导的乡村地区特色城镇化，它以乡村旅游业的发展为前提。旅游资源是旅游活动的客体，是旅游业赖以生存的基础和条件。旅游资源赋存丰富、特色鲜明的乡村地区，对于城市居民具有巨大的吸引力，这是乡村旅游业得以繁荣发展的重要决定因素，也是乡村旅游城镇化发展的核心动力要素。乡村旅游资源是由自然环境、物质载体和文化元素共同组成的有机复合整体。自然环境涵盖地质、地貌、气候、水文、土壤、生物等自然要素，它们是形成乡村景观的基底和背景，乡村旅游资源在外部特征和内部结构上打上了自然环境的烙印；物质载体是乡村旅游资源中游客亲身观察到的具体事象，如田园、牧场、山林、溪流、聚落、建筑等有形的物质，这些物质要素的不同组合，形成了不同乡村景观的外部特征；文化元素是指在乡村旅游资源中人们无法直接通过视觉感官感知的非物质成分，如人们的思想意识、道德情操、价值观念、心理特征、思维方式、民族性格、风俗习惯等，人们在乡村旅游的过程中，只有用心品味其深层次的文化内涵，才能真正领略到有滋有味、情景交融的内在特征。乡村旅游资源的价值高低直接决定了其旅游发展前景，也决定了当地乡村旅游城镇化之路是否可以成功。

### （二）就业拉动力

城镇化的根本问题，说到底还是农民问题。发动和组织农民，是农村城镇化成功的关键。乡村旅游城镇化是一种典型的就地城镇化，必须充分发挥当地农民在其中的主体作用。乡村旅游的开发建设与经营带动了巨大的投资和消费需求，在市场经济条件下形成了一个空前开放的新型社会分工体系，裂变出大量的本地工作机会，对留守农民和外出劳动力都产生了强烈的磁吸效应。农民的生存理性和计算理性使他们跨越经济结构，在传统农耕和非农领域自主选择、自由进退，并释放出强大的适应能力和创造能力。有两个比较突出的现象值得关注：一是乡村旅游的发展使许多农村妇女改变了对"家庭主妇"角色的自我认识，她们不再赋闲在家从事一些琐碎的家务，而是抓住旅游开发带来的就业机会，积极进行"角色再造"，在当地的旅游服务业中，本地妇女占据了大量岗位，从而成为具有独立经济能力的个体；二是许多资源禀赋优良的乡村地域正在变成当地外出务工人员返乡进行旅游创业的乐园，他们积极响应国家的有关号召，对各项惠农惠旅政策有着较为深刻的理解。这种农民理性与现代工商业社会的双重优质因素有机结合所生成的"叠加动能"，有助于激发乡村经济活力，优化乡村产业结构，从而加速其城镇化进程。

### （三）政府驱动力

在我国市场发育并不充分、法制建设仍不健全、社会自治能力尚显不足的情况下，政府必然成为城镇化发展的主导动力。城镇化是解决农业、农村、农民问题的重要途径，是推动区域协调发展的有力支撑，是扩大内需和促进产业升级的重要抓手，对全面建成社会主义现代化国家、加快推进社会主义现代化具有重大的现实意义和深远的历史意义，这是国家层面对于新型城镇化发展的顶层设计。针对地广人多、地区差异巨大的国情，政策、制度的灵活性能够赋予更多地区以城镇化发展的机遇，从而促进城镇化在全国范围内展开。当前，政府仍然掌握大量的配置性资源，因此各级政府有必要根据本地区的实际条件出台相应的规划实施细则，探索出符合自身特点的城镇化改革创新之路，乡村旅游城镇化恰好是这种探索的一种有益尝试。例如，发展具有特色优势的休闲旅游、商贸物流、信息产业、先进制造、民俗文化传承、科技教育等魅力小镇，带动农业现代化和农民就近城镇化；加大对传统村落民居和历史文化名村名镇的保护力度，建设美丽宜居乡村。这些政策导向更是为乡村旅游城镇化发展提供了强大的驱动力。

### （四）市场推动力

我国在社会主义市场经济条件下推进城镇化，离不开政府积极主动的作为。但是，政府发挥作用有一个合理边界的问题。中国特色的新型城镇化既需要政府这只看得见的有形之手，也需要市场这只看不见的无形之手，乡村旅游城镇化发展也不例外。市场是资源配置与利用的有效方式，市场竞争是活力与效率的源泉。近年来，是我国农村经济和城镇化发展速度最快的时期，也是市场化改革凸显成效的时期。市场机制能够促进劳动力、资本、技术等生产要素的自由流动，而要素的流动正是城镇化动力机制系统框架中的直接推动力。我国的乡村旅游市场规模早已超越千亿级别，并且仍然保持着高速增长的态势，如此庞大的市场吸附着各种生产要素和消费要素源源不断地从城市流向乡村，形成各地乡村旅游蓬勃发展的良好局面。在这个要素流动与聚集的过程中，当地政府、投资企业、社区居民、农民组织、外来游客等都成为乡村旅游城镇化的重要推动者。

# 第三节　产业融合与乡村旅游发展

　　产业融合是当前世界经济发展的必然趋势，也是产业创新与可持续发展的重要途径。产业融合作为一种新的产业发展模式和产业组织形式，在全球范围内越演越烈，逐渐渗透到经济发展的各个层面、各个领域。

## 一、乡村旅游产业融合的内涵

　　早期的产业融合研究都是从技术角度进行的，从经济学角度研究产业融合相对较晚。有学者认为，产业融合作为一种经济现象，是指为了适应产业增长而发生的产业边界的收缩或消失，它可分为替代性融合和互补性融合。两个或两个以上各自独立的产业，当它们的企业成为直接竞争对手时就发生了融合，包括功能融合和机构融合。产业融合是通过技术革新和放宽限制来降低行业间的壁垒，加强企业之间的竞争合作关系。厉无畏和王振认为，产业融合是指不同产业或同一产业内的不同产品相互渗透、相互交叉，最终融为一体，逐步形成新产业的动态发展过程。这些产业融合的概念表述虽各有侧重，但都揭示出产业融合现象的经济属性。产业融合不仅对产业发展产生了广泛影响，甚至正在重塑产业的结构形态。

　　产业是由提供相近商品或服务，在相同或相关价值链上活动的企业共同构成的企业集合，具有某类共同特性是将企业划分为不同产业的基础。融合是朝着一个点运动或者是两个或更多要素合成一体。然而，从价值链的角度来研究产业融合现象的成果尚不多见。笔者认为，产业融合本质上是不同产业之间的价值关联要素突破原有产业边界进行交互嵌入与组合，最终融为一体，形成涵盖相融产业核心价值活动的新产业的动态发展过程，它一般会经历相融产业原有价值链的解构和融合后新产业价值链的重构两个阶段。

在旅游业领域，随着多元复合市场需求的增加，资本市场的大规模介入和信息技术的有力渗透，无论是产业内部旅游企业本身的变革与重组，还是产业外部资本对旅游各行业的广泛涉入，都预示着一种现代意义上的产业融合时代已然到来，尽管旅游产业融合现象引起了国内外学者的关注，但对于其概念进行界定并系统研究的成果却并不丰富。通过文献检索，并未发现国外研究者对旅游产业融合概念的明确界定，而国内为数不多的相关研究成果在界定旅游产业融合概念时也大多套用既有的产业融合概念，只是进一步明确了旅游产业在融合中的主体地位。旅游业的跨界融合表现在相互渗透和交叉，从而使得融合后的产业兼具旅游业的特征，与原有的旅游业形成了既替代又互补的关系，它包括旅游业与其他服务业的融合（如教育旅游、体育旅游、医疗旅游、奖励旅游、会展旅游、修学旅游、房地产旅游、公务旅游、节事旅游、文化创意旅游）和旅游业与第一、第二产业的融合（如工业旅游、观光工业旅游）。从系统论的角度分析旅游产业融合，认为旅游产业融合是在开放的旅游产业系统中，构成产业系统各要素的变革在扩散中引起不同产业要素之间相互竞争、协作与共同演进而形成一个新兴产业的过程，它包括了技术融合、企业融合、产品融合、市场融合、制度融合等。旅游产业融合通常是指与其他产业之间或旅游产业内不同行业之间相互渗透、相互交叉，最终融为一体，逐步形成新产业的动态发展过程，一般分为产业渗透、产业交叉和产业重组 3 种类型。

乡村旅游产业融合就是乡村旅游发展过程中出现的产业融合现象，或者说是发生在乡村地域的旅游产业融合现象。乡村旅游产业融合可分为内部融合与外向融合。乡村旅游产业内部融合是指乡村旅游业内部六大要素（食、住、行、游、购、娱）相互联系、相互渗透而形成的融合。乡村旅游产业结构的优化升级是乡村旅游产业内部融合的重要推动力。而要深度把握乡村旅游产业外向融合的内涵，仍需从全价值链的角度入手。在乡村旅游业与其他关联性产业的融合过程中，首先，对各自产业价值链上的价值关联要素进行分解，识别出各种价值要素在突破原有产业边界时具有的动力效用；其次，通过自组织形式的交互嵌入与跨界组合形成基于上述价值关联要素的若干新的价值链模块；最后，对这些新的价值链模块进行充分整合，重构涵盖各大产业核心价值活动的全价值链。乡村旅游产业融合过程完成后，将催生出更多的乡村旅游新产品与新服务，拓展出更大的乡村旅游市场空间，创造出更强的乡村旅游竞争力。

**二、乡村旅游产业融合的发展模式**

所谓融合发展模式，是指乡村旅游产业融合的路径选择。乡村旅游产业内部融合主要是对旅游的 6 大要素进行整合重组，拉长增粗乡村旅游产业链，属于价值延展型融合模式；乡村旅游产业外向融合过程中，乡村旅游业与相融产业的价值关联要素由于对接形式和特点不同，形成了价值延展型、价值依附型和价值连接型 3 种融合模式。

**（一）价值延展型融合发展模式**

价值延展型融合发展模式是一种产业内部的要素延伸，该模式的特点是整合了产业链、地理空间和战略理念 3 个方面的内容，通过"实质性的链条延伸"和"虚拟的链条扩张"的结合，降低公共服务体系不完善、资源类型有限等乡村旅游发展中诸多不利因素的影响，提升乡村旅游竞争力和协同发展能力气实质性的链条延伸，就是围绕乡村旅游发展中的"食、住、行、游、购、娱"6 大要素就地延伸产业链条，如对于旅游要素中的"食"，完善从"种植—采摘—加工—餐饮—废物利用—种植"的完整产业链条，增加游客在不同阶段的参与度，实现整个产业链条的延伸产品和服务的增值，同时也可建立起相应的责任追溯制度。虚拟的产业链条扩张，则是围绕乡村旅游发展 6 要素异地合作延伸产业链条，如毗邻的乡村旅游点，有的是旧街老巷古香古色，有的是风情民宿魅力十足，有的是餐饮服务独具特色，有的是特色瓜果远近闻名，那么它们可以联合起来构建乡村旅游集聚区，形成完善的乡村旅游接待体系。虚拟的产业链条扩张也可以通过与周边非乡村旅游要素合作打造全产业链。不同的乡村旅游地之间，或乡村旅游地与非乡村旅游景区，通过加强合作，共同延伸产业链条，实现协同发展，共享发展成果。

## （二）价值依附型融合发展模式

价值依附型融合发展模式是一种单向的功能载附，既包括在乡村旅游业中融入相融产业元素，也包括在相融产业中融入乡村旅游功能，形成"你中有我""我中有你"的格局。该模式属于浅表性融合，虽然在很大程度上丰富了乡村旅游业或关联产业的内涵，但并没有改变原有的产业形态而形成新业态。例如，乡村旅游业与会展业、体育产业的融合发展，在传统乡村旅游景区策划举办各种节会或竞赛活动，可以视为会展元素和体育元素在乡村旅游发展中的二种功能植入，它能使乡村旅游产品形式更加多样，更具观赏性和参与性。当这些乡村旅游景区贴上"会展"或"体育"的标签时，即被赋予了独特的市场竞争优势。又如乡村工业与乡村旅游业的融合发展，它以乡村工业企业作为旅游价值依附载体。越来越多的乡村工业企业开放其产品生产线供游客参观游览，满足人们求知、求新、求奇等旅游需求，这种做法一方面作为营销创新手段能够给企业带来增值，另一方面作为公众教育手段能够体现企业的社会责任。在这种情况下，旅游功能的融入成为一种自然而然、水到渠成的事情。

## （三）价值连接型融合发展模式

价值连接型融合发展模式是一种双向的要素渗透，在乡村旅游业与相融产业的边界重合地带，形成以专门旅游吸引物为依托，以专项旅游市场为对象，核心价值活动显著的产业融合新业态。例如，乡村旅游业与文化创意产业的融合发展，形成了对特殊人群具有定向吸引力的乡村文创旅游吸引物。乡村文创旅游吸引物是指那些文化创意主题突出，能够激发旅游者的旅游动机、

促动其实现旅游活动并由此产生综合效益的事物。乡村旅游创客基地是最为典型的乡村文创旅游吸引物。乡村民宿被誉为乡村经济的下一个"风口"，也是一种特殊的乡村文创旅游吸引物，它能带给人们一种特有的情怀性体验，在乡村旅

游发展过程中常常超出其作为非标准化乡村旅游住宿产品的定位。依托这些吸引物发展起来的乡村文创旅游产业具有乡村旅游业与文化创意产业的双重特性，其产品特色鲜明、市场定位清晰，也符合当前乡村复兴的价值诉求。

### （四）价值集成型融合发展模式

价值集成型融合发展模式是一种多向的产业交叉，它是乡村旅游业与多种相融产业基于资源、产品、市场、技术、信息等平台的专业化分工协作系统。这种多元价值关联要素的复杂性融合能够有效叠加各个相融产业的多重功能，有利于优势互补和促进创新。乡村旅游业的开放性为其与第一、二、三产业的多元融合提供了无限可能。例如，多地乡村推出的农业生态地景艺术节，就是乡村旅游业、节庆产业与农业有机融合的产物；乡村园林博览园则是乡村旅游业与园林业、展览业融合发展的产物。这些创新旅游产品通过丰富多彩的活动组织，吸引大量游客慕名前往，培育出广阔的市场空间。文化创意产业、演艺业的共同介入则使得乡村旅游产品创新达到了一个新的高度。

### 三、乡村旅游产业融合的发展对策

乡村旅游产业融合是政策、功能、资源、产品、市场、品牌、文化、情感、资金、信息等多重价值要素共同动力作用的结果，体现出融合的必要性、迫切性和可能性。要将乡村旅游产业融合引向深入并实现可持续发展，还需围绕这些价值关联要素，坚持多管齐下的发展对策。

### （一）推进政策落实，放松政府规制

近年来，国家层面多次出台的利好旅游产业发展的政策性文件对于乡村旅游产业的融合发展无异于雨露甘霖，但是不能只是"雷声大、雨点小"，必须建立高效的政策传导、落实和监管机制，确保各级政府能够在国家政策的引导下，结合各地的实际情况出台相应的政策实施细则，让政策真正惠及市场主体，充分调动起利益相关群体的主观能动性。在我国各行各业中，地方政府往往存在主导冲动，行政垄断广泛存在，这将在很大程度上阻碍资金、人才、技术等生产要素在产

业间的自由流动，也不利于乡村旅游产业融合的发展。产业政策的落实和政府规制的放开，是乡村旅游产业融合发展的必然要求。

**（二）提高融合意识，加强功能拓展**

在全球化浪潮的冲击下，乡村旅游业的相关从业人员必须敏锐地把握住世界范围内产业融合加速发展的趋势，在思维方式上与时俱进，尽快转变产业条块发展的传统观念，牢固树立起产业协同发展理念和产业融合发展意识。要深入分析融合现象，总结提炼融合经验，进行理论归纳、开展学术探讨，构建融合发展理论体系，指导融合实践。同时，还要放宽融合发展的视野，以功能拓展为突破口来探索乡村旅游业与其他关联性产业充分融合的各种可能性。乡村旅游产业融合功能拓展包括横向和纵向两个方面。横向拓展是指在各大相融产业基础功能之上增加新的功能，主要对应价值集成型融合发展模式，可考虑将更多的第三方关联产业纳入融合体系之中，形成更多的复合型新业态；纵向拓展则是对乡村旅游业与相融产业原有功能的深化与完善，主要对应价值连接型融合发展模式，如打造乡村文创旅游综合体，将创客基地、旅游街区、民宿酒店、主题餐厅等业态进行产业集群，并配套相应的公共服务设施。功能拓展有助于创造新的市场空间，是乡村旅游产业融合发展的重要方向。

**（三）盘活资源存量，强化金融支持**

乡村旅游资源具有数量丰富、类型多样、分布广泛的特点，能否盘活这些存量资源，决定了能否实现乡村旅游产业融合价值的最大化。在盘活资源的过程中，充足的资金介入运作是必不可少的。要想形成资源有效利用、资金有效支持的局面，就必须探索新的资源流转模式，尤其对于那些"养在深闺"的优良乡村旅游资源而言，旅游资源交易平台为其打开了一扇拥抱资本市场的大门，也为其架设了一座对接其他产业资源的桥梁。加大资源开发力度，拓宽资金来源渠道，是乡村旅游产业融合发展的重要保障。

### （四）培育核心企业，促进产品开发

乡村旅游产业融合发展归根结底需要相应的企业作为市场主体积极参与，因而必须大力培育跨产业经营的核心企业。核心企业代表着核心竞争力，要做大做强具有融合性的核心企业，可以考虑本土培植，也可以考虑外部引进。同时，企业还是产品的开发主体，这种大型跨产业企业集团在开发"一站式"满足用户旅游及相关休闲、度假、文化等多样化消费需求的产品时，能够有效调动各业资源进行整合，具有先天的优势。跨产业核心企业的培育，有助于乡村旅游产品创新，必将促进乡村旅游产业融合发展进一步走向深入。

### （五）提升品牌价值、开拓市场空间

品牌是一个价值流动的链条，能够综合反映企业或产品的市场竞争实力，提升乡村旅游企业和产品的品牌价值，与前述培育核心企业、促进产品开发的工作一脉相承，对于乡村旅游产业的融合发展意义重大。其一，乡村旅游企业品牌的塑造要注重文化彰显与情感融入，尤其是企业文化精神的树立要突出"以人为本"的基础理念和"致富一方"的社会责任；同时，用外化的公益性企业行为和鲜明的企业形象系统进行品牌传播，力求将企业品牌固化于大众消费观念之中。其二，乡村旅游产品品牌价值的塑造主要从认知度、知名度、美誉度、满意度和忠诚度5个方面进行。首先，要运用广告等宣传方式传递产品或服务的特性、功能，以获得公众认知；其次，要通过创造一个概念或是倡导一种理念，为产品带来独特的销售主张，让竞争者无法效仿，扩大品牌影响；最后，要分析品牌诉求利益点和品牌价值链，识别顾客需求，通过对顾客价值信号的分析以明确顾客追求和认同的价值，为顾客创造独特的价值，进而增加顾客的满意度与忠诚度。企业与产品的品牌效应如同磁场的吸附效应一般，能够释放出强大的市场吸引力，使其市场份额不断扩大。在市场空间的开拓过程中，多元化营销手段的运用必不可少，需要创新营销理念，推行"区域联动、部门联合、企业联手"的一体化营销战略，采取多形式、多渠道、广覆盖的营销推广方式，提高营销效果。

### （六）建立合作机制，实现信息互通

乡村旅游产业的融合发展，不是乡村旅游业或相融产业的各自为政，而应是通盘考虑的"一盘棋"，这就要求必须建立起强有力的协调机构，负责乡村旅游产业融合运行的总体组织和指导，提高信息共享与沟通效率，形成平衡各方利益主体的跨界治理机制。目前，我国县区一级的旅游行政管理部门，部分采取与文化、体育、出版传媒或外事侨办合署办公的形式，这种一署多能的行政管理机构在一定程度上有利于乡村旅游业与相融产业的相互促进和融合发展。但是在更高的政府层级，旅游和其他产业对应的相关职能部门均属于独立的行政管理机构，容易因为信息沟通不顺畅、关系协调不到位而产生利益冲突，继而影响乡村旅游业与其他产业的有机融合。从组织创新的角度来说，在乡村旅游业较为发达的地区，可考虑成立由当地分管领导"挂帅"，旅游、文化、体育等多部门共同组成的乡村旅游发展委员会，对产业融合过程中的相关事务进行协调、决策和监管，它既是一个多职能融合的管理平台，又是一个多资讯融合的信息平台。合作机制的建立实现了信息互通，这一点在大数据时代，对于乡村旅游产业融合发展显得尤为重要。

# 第三章　乡村旅游规划创新

## 第一节　乡村旅游规划概述

### 一、旅游规划、乡村规划概述

#### （一）旅游规划

旅游规划指的是为了实现旅游产业经济效益、社会效益和环境效益的统一，而对某地区旅游产业未来发展状况的构想和安排。对于一个地区而言，旅游业的兴起或许具有很强的偶然性，例如一处遗迹的发现就可以催生一个地方的旅游业，但是旅游规划却能够保证旅游业的可持续发展。因此，近年来，旅游规划开始逐步成为旅游发展的纲领和蓝图，成为地方发展旅游产业不可或缺的重要组成部分。具体而言，旅游规划的内容主要包括以下 3 个方面：

1. 资源评价和开发利用现状评价

地区旅游资源的丰富程度对于旅游产业的发展有着直接的影响，旅游资源越丰富，开发潜力越大，说明旅游产业的生命力也就越持久，对当地经济做出的贡献也就越大，因此对旅游资源进行评价是旅游规划的一个重要内容。一般来说，关于旅游资源价值的评价主要是从资源的科学价值、历史文化价值、景观美学价值和生态环境价值 4 个角度进行的。此外，除了对旅游资源的价值进行评估之外，也要对旅游资源的开发利用现状进行评估，例如，部分地区的旅游资源虽然十分丰富，但是一直以来都是一个旅游景区，旅游资源基本上已经开发殆尽，那么进行旅游规划时就要考虑到这一点。

2. 旅游服务设施规划

服务设施是旅游产业发展的一个重要影响因素。拥有独特历史文化底蕴和自然景观的地区很多，但是成为旅游热门景点的地区却寥寥无几，原因就在于服务设施不够完善，很难满足现代游客的需求，因此对服务设施进行规划是旅游规划的一项重要组成部分。在规划服务设施时要从旅游地的环境保护、为游客提供最大的便利等角度出发，制定科学的旅游服务系统。

3. 旅游活动组织规划和资源保护规划

大部分的游客旅游时间十分有限，对于游客而言，能够在有限的时间内欣赏到更多的旅游景观是十分重要的，因此旅游规划也要对旅游活动组织进行规划，例如安排合理的旅游路线等，这样一方面能够充分凸显出旅游区的特色，发挥景区的最大效益，另一方面也能够帮助游客欣赏到更多的旅游景观。此外，旅游资源作为旅游产业的基础，并不是取之不尽的，因此在进行旅游规划时要对旅游资源的保护进行规划，根据资源的重要程度来划分出核心保护区、重要保护区和景观保护区，以此来延长旅游地的生命周期，同时也有利于旅游地的生态环境保护。

（二）乡村规划

乡村规划指的是对乡村地区的社会、经济等进行长期的部署，指导乡村地区的社会经济发展。具体来说，乡村规划主要包括以下四个方面的内容：

一是对乡村的自然资源与经济资源进行综合评估，然后分析这些资源的开发现状，为乡村社会经济发展奠定基础。

二是对乡村的特色进行宏观把握，确定乡村社会经济的发展方向，例如，具有独特风俗民风的乡村可以将乡村旅游作为发展方向。

三是对乡村各个部门的发展规模、发展速度等进行评估，确定其在乡村社会经济发展中的地位和作用。

四是综合以上来制定详细的乡村社会经济发展措施与步骤。

乡村规划的制定要建立在实事求是的基础上，要根据乡村现有的生产生活与资源条件，结合国家给出的经济发展政策，以长远发展为宗旨。当前，做好乡村规划是社会主义新农村建设的重要组成部分，也是我国乡村建设走上规范化和科学化的一个重要表现，对于乡村经济的良性可持续发展有着十分重要的意义。

在进行乡村规划的过程中，需要坚持以下三个基本原则：

一是乡村规划一方面要有利于农业生产，另一方面也要有利于为村民提供更大的便利。

二是乡村规划要以经济建设为中心，但是也要做到经济效益、环境效益与社会效益的统一。

三是乡村规划的主要目标是改变以往村民自发地发展经济导致农村经济布局凌乱的现象，因此乡村规划必须要充分采取群众的意见，得到群众的支持。

值得注意的是，乡村规划不同于旅游规划。旅游规划是一种全新的规划，即对本来没有任何人工设施的地区进行规划。而乡村规划则是对现有农村的一次推倒重建，在规划中必将涉及农村基础设施的改建甚至存在的合并与搬迁，涉及许多村民的直接利益，因此乡村规划必须详之又详，这样才能够获得村民的支持。但是从当前我国所进行的乡村规划来看，绝大部分乡村规划都比较粗糙，只是简单地对乡村规划进行描述，如此一来就很难得到村民的认可，导致乡村社会经济建设难以进行下去。

## 二、乡村旅游规划的界定

综合上述关于旅游规划和乡村规划的定义，我们可以将乡村旅游规划界定为：根据某一乡村地区的旅游资源、旅游发展规律和旅游市场的特点来制定目标，并为实现这一目标来进行统一的部署。

在对乡村旅游规划的内涵进行把握时，需要注意以下三点：

一是乡村旅游规划不仅仅是一项技术过程，更是一项决策过程。在进行乡村旅游规划时，我们既要采用科学的手段进行规划，更要注意规划的可行性，否则乡村旅游规划也就失去了存在的价值。

二是乡村旅游规划不仅是一项政府活动，也是一项社会活动，更是一项经济活动。政府虽然在乡村旅游规划中扮演了十分重要的角色，但是这并不意味着政府能够承担乡村旅游规划的全部职责，考虑到乡村旅游规划是为乡村旅游产业、乡村社会经济的发展服务的，因此在进行规划中必须要有一定的经营管理人员参与，只有这样才能够保证在乡村旅游规划指导下的乡村旅游产业能够充分发挥其对社会、经济的巨大作用。

三是乡村旅游规划不是静态的蓝图式描述，而是一个不断反馈的动态过程。乡村旅游规划必须具备一定的弹性，规划文本对于乡村旅游发展有着指导价值，但是这种价值随着社会环境的变化必然逐步地削弱，这种情况下就要对乡村旅游规划进行不断地调整，使之与乡村社会经济发展更加契合。

### 三、乡村旅游规划的对象和任务

乡村旅游规划是区域旅游规划的特殊类型，除兼具区域旅游规划的特点和属性外，还具有其自身独有的规律和特征。受旅游发展动力系统的研究成果的启发，结合乡村旅游的特点，本书认为乡村旅游规划的对象——乡村旅游系统，由需求系统、中介系统、吸引系统和支持系统四大子系统构成。

乡村旅游需求系统是乡村旅游的主体系统，也就是乡村的客源系统，即乡村旅游市场。在对其规划时应包括对乡村客源市场的主观和客观需求分析，其中主观需求涉及旅游需要、出游倾向、个人偏好、消费观念等，客观需求包括经济能力、闲暇时间、职业和政策导向等多种因素。乡村旅游中介系统是联系乡村旅游主体和客体的桥梁，是保障乡村旅游得以顺利进行的中间系统。它主要是乡村旅游企事业系统，同时涉及乡村旅游营销等多种因素，诸如乡村旅游地的口碑宣传、广告效应、旅行社、旅游交通、旅游服务引导系统等。乡村旅游吸引系统是乡村旅游的核心系统，包括物质吸引系统和非物质吸引系统。概括来讲，在乡村旅游规划时必须注意乡村旅游形象（乡村意象）、乡村旅游活动、乡村旅游设施、乡村景观与环境、乡村旅游氛围和乡村旅游服务等主要内容的建设，以营造乡村强大的旅游吸引力。而乡村旅游的支持系统则是指乡村旅游的环境系统，包括硬环境系统和软环境系统两个方面，涉及复杂的内容体系，诸如乡村建设、环境卫生、道路交通、公共设施建设，还有社会风气、经济发展水平、乡村文化环境、乡村旅游发展政策等因素。乡村旅游规划必须注意旅游大环境的营造。

乡村旅游规划的任务与其规划对象相匹配，主要是通过改善乡村旅游系统的结构有序性、功能协调性和发展目的性之间的关系，使乡村旅游系统按照服务旅游者的要求实现优化组合。具体来说，乡村旅游规划迫切需要解决的任务就是在适应旅游竞争的前提下，首先设计出富有乡村地方文化、特色鲜明的乡村旅游总体形象（乡村意象）；其次，在市场、资源和形象综合导向下合理配置乡村旅游吸引系统；再次，努力提高乡村旅游产品质量，加强与相关部门的合作；最后，以保持乡村生态系统、乡村环境系统和乡村传统文化完整性为前提，切实保障乡村旅游的可持续发展。

## 四、乡村旅游规划的特点

### （一）战略化

乡村旅游规划的制定对于乡村旅游的发展有着决定性的影响，可以说是乡村旅游发展历程中最为重要的一个文件。因此，在制定乡村旅游规划时不能只着眼于眼前的利益，要从战略的角度对乡村的长远利益与眼前利益进行协调，从而在促进乡村地区社会经济发展的同时也保证乡村旅游的持久性。

### （二）多元化

乡村旅游规划的多元化特征主要表现在以下两个方面：一方面是乡村旅游规划的制定人员和制定方法多元化。单纯依靠一个专家来进行乡村旅游规划是不现实的，因此需要诸多不同学科的专业人员合作对乡村旅游进行规划，在规划过程中也要根据需要灵活采取不同的技术手段。另一方面是乡村旅游规划内容的多元化。乡村旅游规划并不是简单地对旅游进行规划，而是要综合考虑到乡村的社会因素、文化因素等，只有这样才能够保证乡村旅游与乡村融为一体，因此在内容上乡村旅游规划呈现出多元化的特征。

### （三）系统化

乡村旅游规划并不是一项独立的工作。作为农村精神文明建设与经济发展的主要推动力，乡村旅游与农村社会的各个因子都有着十分密切的联系，因此在进行乡村旅游规划时要将其视为一项系统工程，综合考虑乡村旅游与其他社会因子之间的关系，如此方能保证乡村旅游与其他社会因子之间的协调性，实现最终的目标。

## 五、乡村旅游规划的指导思想

### （一）可持续发展思想

在规划哲学理念上，可持续发展已经成为全世界的共识。可持续旅游开发可以满足经济、社会和文化的需求，在强调为当前的游客和东道主提供旅游和发展机会的同时，保留并强化后人享有同样的机会。可持续开发还包括与复杂的社会、经济和环境有关的切实有效的政策。对于可持续旅游开发，世界旅游组织在1990年曾经提出过8条原则，可以概括为：区域整体性原则、生态性原则、可持续原则、公平原则、充分的信息与沟通、地方公众主导、规划分析优先、良好的规划监测。在规划理念上，可持续旅游开发强调文化的完整性和生态过程，强调对自然和文化生态的保护和延续。

在乡村旅游规划中，更应该倡导可持续发展思想，因为乡村环境和乡村文化本身的脆弱性特征，要求在可持续发展原则的指导下，有效地开展乡村旅游规划工作，以便对乡村资源进行科学的开发、培育性的开发，从而保障乡村旅游的持续性健康发展。

### （二）动态发展思想

乡村旅游规划动态发展的思想主要表现在以下两个方面：

一是乡村旅游规划目标和内容要具有一定的弹性。乡村旅游规划固然对乡村旅游发展有巨大的指导价值，但是这种价值是建立在规划与乡村社会经济发展现状相契合的基础之上的，而社会环境的迅速变化决定了乡村旅游规划也是随时紧跟社会环境的变化进行调整的。

二是乡村旅游规划要保证近期规划的稳定性、中期规划的可行性及长期规划的发展性。

### （三）社区参与思想

社区参与是体现社区因素和居民意志的有效机制。在乡村旅游规划中实施社区参与能够协调社区居民与当地政府、开发商、旅游者等之间的关系，实现各方的利益诉求，也有助于规划设计与当地环境、社区和文化协调一致的产品，从而有利于实现旅游业的可持续发展。

为了实现乡村旅游的可持续发展，社区参与应在以下 3 个方面得到加强：

1. 乡村旅游规划的制定

社区参与规划的制定，一方面有利于培养居民的东道意识，另一方面可增强乡村旅游规划的可操作性。

2. 加强对乡村环境的保护

旅游地资源和环境保护对社区居民具有更为重要的意义，通过参与环境的保护来敦促旅游企业在开发和经营活动中减少对环境的破坏，有利于形成良好的保护环境的社会氛围。

3. 加强对乡村传统文化的维护

加强对乡村传统文化的维护有利于强化乡村居民的文化认同感和社会认同感，减少社会张力，促进社区文化的整合。

### （四）生态旅游思想

生态旅游观念兴起于 20 世纪 80 年代。近年来国内外研究者开始对生态旅游进行整合，将生态旅游视为一种特殊的旅游形式，即乡村旅游、度假旅游等可能属于生态旅游的一部分，但也可能不是，而这完全由旅游区的旅游发展理念所决定。随着人类对自然环境保护的日益重视，生态旅游开始受到很多旅游者的追捧，西方的乡村旅游事业开始逐步朝着生态旅游的方向靠拢。事实上，乡村旅游与生态旅游本身就有异曲同工之妙，只是在发展乡村旅游的过程中由于忽视了对生态环境的保护，乡村旅游与生态旅游渐行渐远，但是这对于乡村旅游的可持续发展有害无利。因此，在进行乡村旅游规划时要始终秉持生态旅游的思想，一切乡村旅游规划行为都不能与生态环境的保护背道而驰，只有这样才能够确保乡村自然景观与人文景观对游客的吸引力，保证乡村旅游持久的生命力。

# 第二节　乡村旅游规划创新的基本理念与主要内容

## 一、乡村旅游规划创新支撑理论

### （一）旅游规划三元论

旅游规划追求的基本核心和最终目标是为旅游者创造时间与空间的差异、文化与历史的新奇、生理心理上的满足，其中均蕴含着三个层面不同的需求：

其一，旅游活动及与之相关的文化历史与艺术层面，包括潜在于旅游环境中的历史文化、风土民情、风俗习惯等与人们精神生活世界息息相关的文明，即关于人们行为活动及与之相应的经营运作的规划需求。

其二，景观时空层面，基于景观空间布局的规划，包括区域、总体、景区、景点的时间与空间上的布局、设计，即关于景观时空布局的规划需求。

其三，环境、生态、资源层面，包括土地利用、地形、水体、动植物、气候、光照等人文与自然资源在内的调查、分析、评估、规划、保护，即生态环境大地景观的规划需求。这些构成了旅游规划需求的三元。

与需求对应，现代旅游规划的内容同样包含三元：以"旅游"为核心的群体行为心理规划和项目经营；以"景观"规划为核心的优美的旅游景观环境形象创造；以"生态"为核心的旅游环境生态保护。

### （二）景观生态学理论

1866 年，海克尔（Haeckel）第一次提出了"生态学"的概念，此后生态学就成为研究生物与环境、生物与生物之间关系的一项重要内容。

景观生态学是生态学的一个重要分支，它的主要研究对象是在一定的区域范围之内，许多不同生态系统所构成的景观之间的相互作用及未来动态变化趋势。随着景观生态学研究的不断发展，目前景观生态学的研究重点主要集中在一个较大的空间范围和较长的时间尺度内，由多个生态系统构成的生态景观的演变过程。

景观生态学的研究具体包括以下四点内容：一是景观空间异质性的发展和动态。二是异质性景观的相互作用和变化。三是空间异质性对生物和非生物过程的影响。四是空间异质性的管理。

景观生态设计顾名思义就是指"具有生态学意义的设计"。任何与生态过程相协调，尽量使其对环境的破坏影响达到最小的设计形式都称为生态设计，这种协调意味着设计尊重物种多样性，减少对资源的剥夺，保持营养和水循环，维持植物生境和动物栖息地的质量，以有助于改善人居环境及生态系统的健康。这种理性人居环境应包括人类与地理环境、代谢环境、生物环境、社会环境、经济环境和文化环境的生态关系。

### （三）生态美学理论

生态学与美学的有机结合构成了生态美学理论。从广义的角度来说，生态美学理论主要指的是人与自然、人与社会的生态审美关系。景观生态美学是以当代生态存在论哲学为基础理论，反对"人类中心主义"，主张"人—自然—社会"协调统一；反对自然无价值的理论，提出自然具有独立价值的观点。同时，又提出了环境问题和可持续生存道德原则。此外，生态美学的产生促进了生态文学的发展，即绿色文学，以人与自然的关系为题材，歌颂人与自然的协调和谐、共生共存。

在人居环境创作中，生态美学强调了自然生态之美，欣赏质朴、间接而不刻意雕琢；同时，强调人类在遵循生态规律和美的法则前提下，运用科学技术手段改造自然，创作人工生态美，带给人们的不仅仅是一时的视觉震撼，而是永久的可持续发展利用。人工与自然的互惠共生，使城乡景观建设与生态系统特性各有所得，相得益彰，浑然一体，这就造就了人工和生态景观的和谐之美。

中国古代的天人合一观就是现在的自然审美观，其包含了丰富的景观美学思想。老子通过对天地万物、自然物象的洞察，通过对人与自然关系的体悟，认识到保护自然生态环境的重要性，告诫人们不要自恃灵明而高高凌驾于天地万物之上，不要凭仗强大有力而妄为滥施。我国园林艺术多追求的正是"天人合一"的美学境界。园林艺术作为我国传统文化和现代文化的物质载体，所特有的园林文化现象，使得景观中的一草一木、一山一水都具有人的灵性和感情。

20世纪90年代，以个人心理感受为主要诉求的体验理论逐渐兴起，并逐渐渗透在观光休闲活动规划设计中。运用自己的感官，引导视觉、听觉、味觉及触觉，形成个人整体心理感受，以获得感性的愉悦及知性的充实，已成为观光休闲体验活动设计的最高准则。人类向往自然，乡村旅游为人们提供了一个最适当的体验机会。

### （四）闲暇游憩理论

现代休闲是一种生活常态，人们在这段时间内按照自己的意愿所从事的各种活动都称作休闲活动。休闲所注重的是人们对时间的使用、安排，以及由此而引起的对人们自我发展和完善的影响，从社会发展的过程来看，只是人们具体消费休闲时间的一种样式、一种手段。我们所熟知的休息、游憩、娱乐、运动、旅游等活动都毫无例外地从属于休闲的范畴。

游憩，英译为"recreation"，从词源上讲来自拉丁语的"cecreatio"，意思为更新、恢复。游憩的本义是轻松、平静、自愿产生的活动，用于恢复体力和精力。

闲暇游憩理论，被公认为属于生活行为理论范畴。其实际研究内容十分广泛,主要内容有:闲暇历史与发展、闲暇与生理和心理、环境与闲暇行为、闲暇与休闲产业、休闲价值与社会发展5大方面。在闲暇与游憩理论研究领域,目前已经形成的基本理论命题至少有7点:①闲暇史是与人类伴生的历史,并且具有美好的发展趋势。②闲暇与游憩是维持人类生理、心理健康的充分必要条件。③具有游憩潜力的事物是一种资源。④闲暇是一种前景广阔的现代产业。⑤闲暇是人类的基本权利,是社会发展的重要方面,需要政府介入。⑥闲暇类型具有地域、文化和发展阶段的差异。⑦闲暇与可持续发展具有较密切的相关性。

### (五)RMP理论

#### 1. RMP理论的提出

RMP理论是我国旅游规划管理专家吴必虎提出的一个全新的观点,是指导区域旅游发展的一项重要理论。所谓RMP理论指的就是R——resource资源、M——market市场、P——product产品理论,其中主要研究的是将旅游资源转化为旅游产品。随着旅游业的迅速发展,旅游业已经逐渐成为一种高投入、高风险、高产出的产业类型,这就需要在发展旅游业之前对旅游资源进行科学的评估,确定将旅游资源转化为旅游产品的有效路径。主要研究的是旅游市场中对旅游产品的需求,这一研究包括两个内容,一个是旅游产品需求的弹性,即在一定时间内游客对旅游产品的需求变化;另一个则是旅游者的旅游动机,根据这一研究成果可以针对性地制定旅游营销策略。"P"主要研究的是旅游产品的创新,即根据消费市场的变化以及旅游资源的特色,采取产品的创新或者组合等方式来打造新的特色旅游产品,从而保证旅游业旺盛的生命力。

#### 2. RMP理论和乡村旅游规划

旅游资源、旅游市场、旅游产品从本质上来说是相辅相成的,旅游资源是打造旅游产品的基础,而旅游市场是将旅游资源转化为旅游产品的基本目标,旅游产品是实现旅游市场价值的基础载体,因此在实践中我们要同时兼顾旅游资源、旅游市场与旅游产品。具体来说,RMP理论应用于乡村旅游规划中需要注意以下

3 个问题：

（1）旅游资源问题

一般来说，关于旅游资源的把握主要是通过调查与评估完成的，其中旅游资源的调查指的是对旅游地区进行综合的考察、测量、分析与整理，从而准确地把握旅游区的资源现状。但是在对旅游资源进行把握的过程中需要注意以下两点，一是要即时对旅游资源进行对比，包括同地区的旅游资源对比以及不同区域的旅游资源对比，从而寻找出具有特色的旅游资源，二是建立旅游资源档案，以便能够根据旅游资源的消耗来确定旅游资源的保护章程，实现旅游资源的持续利用。

（2）旅游市场问题

从市场经济的角度来看，乡村旅游资源规划与开发的主要目的是促使乡村旅游产品能够顺利进入旅游市场，这也就意味着在进行乡村旅游规划时应当准确把握住旅游市场的脉搏，否则乡村旅游资源与产品也就失去了存在的价值。对此需要注意两个问题，一是旅游业的发展趋势，二是旅游者的行为特征，只有这样才能够开发出具有前瞻性，符合旅游者需求的产品。

（3）旅游产品问题

旅游资源的特色、旅游市场的定位最终都是通过旅游产品来实现的，可以说旅游产品是旅游资源与旅游市场的直接载体。好的旅游产品在满足市场需求的同时也能够极大地提高资源的价值，因此在开发设计旅游产品时要以旅游资源与市场为参照。

## 二、乡村旅游规划的原则

乡村旅游规划所要考虑的内容包括乡村的旅游市场需求、资源约束、社会宏观条件分析（主要是经济条件）等 3 个方面。由于"乡村"的特殊性，决定了其规划必须遵循以下五个基本原则：

### （一）自然环保原则

随着工业生产对生态的破坏日益严重，生态环境保护受到越来越多人的重视，旅游规划作为一种技术产品，也应当紧跟时代的潮流，具备生态文化的特征，承担起保护生态与文化多样性的重任。具体来说，就是在乡村旅游规划中科学应用景观生态学、生态美学等理论来实现乡村旅游与生态的协调发展，最大限度地降低发展乡村旅游对生态环境所造成的破坏。

坚持自然环保原则也就意味着在乡村旅游规划中要因地制宜，尽可能地保留自然特色，没有绝对的必要就不对乡村的自然原貌和建筑物进行更改。国内当前很多地方将乡村旅游与普通的观光旅游等同起来，为了迎合游客的口味，不顾原先遗存的自然资源和人文景观，随意地对乡村进行改造，这种做法不仅对乡村的生态环境造成了极大的破坏，同时也与乡村旅游的本质特征背道而驰。

**（二）乡土特色原则**

对于旅游而言，特色就意味着生命，没有特色的旅游景点是难以有持久的生命力的，有特色才有吸引力，才能够在激烈的旅游市场竞争中占据优势。而对于乡村旅游而言，其最大的特色就是当地的乡土文化，五千多年的历史造就了中国璀璨的乡村民俗文化，复杂的自然地理环境则决定了每一个乡村都有自己的特色。因此，乡村旅游规划的一个重要内容就是充分地将乡土文化凸显出来，从而在诸多的旅游形式中"鹤立鸡群"，吸引游客的注意力。

坚持乡土特色原则指的就是在乡村旅游规划上要有别于城市的公园绿化，尽可能体现出野趣天成、返璞归真；在植物配置上注重适地适树，强调多样性和稳定性；所展示的也应该是当地的农耕文化和民俗文化。

**（三）和谐生态原则**

从美学的角度来看，在地球表面，土地格局、岩体、动植物之间存在着明显的和谐关系，形成了完整的统一体。大自然造就的景观特征的完整性越是统一、彻底、明显、强烈，对观察者的感官冲击就越大。而且，景观地段不同要素的和谐程度不仅是获得快感的量度，也是美的量度。因此，对自然景观和历史文化景观在设计时，要运用整体论的观点，保护和加强内在的景观质量、剔除不应该保留的要素，甚至是引进要素应加强自然特征，尽量地保持景区的原始性、完整性、统一性、和谐性。

乡村旅游是第一产业（农业）与第三产业（服务业）的有机集合，因此乡村旅游要同时兼顾经济效益、生态效益和社会效益。要用生态学原理来指导乡村旅游的建设，建立良性循环的生态系统，产生好的生态效益。生态性主要指两个方面：一方面是生态平衡，另一方面是生态美学，即从审美角度体现出生命、和谐和健康的特征。

### （四）良性互动原则

良性互动原则主要是针对乡村旅游与村民居住环境而言的。居住环境良好很容易获得游客的认可，从而推动旅游的发展，同样，旅游的发展也会不断地改善人类的居住环境，因此在乡村旅游规划中要坚持良性互动原则。

坚持良性互动原则就是要求乡村旅游规划在尊重自然的前提下，充分考虑到人类的活动需求与心理诉求。乡村旅游中人们的身份大致分为当地居民和游客两种类型，而他们的活动与心理需求是不同的，其中当地居民的需求主要以生产和生活需求为主，游客的需求则以休憩、娱乐需求为主，因此乡村旅游规划要同兼顾这些需求。从投资回报的角度来说，游客的休憩、娱乐需求占据主导地位，因此应当将提高游客的舒适度作为规划的重点。但是考虑到村民是乡村旅游的主体之一，也应当不断改善村民的聚居环境，帮助村民建设美好家园，从而使得乡村居民生活环境与乡村旅游相互促进、共同发展。

### （五）社区参与原则

乡村居民作为乡村旅游的主体，能否认识到自身的文化价值，是否支持乡村旅游对于乡村旅游的发展有着十分重要的意义。而社区参与是实现乡村居民全面参与到乡村旅游中，避免权利与利益分配不均问题出现的重要举措，因此在实践中要坚持社区参与原则，保证所有村民都能够参与到乡村旅游规划中。

社区居民参与旅游发展的内容必须渗透到各个层面，从个别参与到群体参与、组织参与，逐步实现社区的全面参与。一方面，社区居民要参与旅游经济决策和实践、旅游规划和实施、环境保护和社会文化进步；另一方面，社区居民不应局限在谋求经济发展的层面，而是重视环境保护与社会传统文化的维护与继承的层面，参与森林资源的管理，参与规划和决策的制定过程。乡村社区的参与要能在规划中反映居民的想法和对旅游的态度，以便规划实施后，减少居民对旅游的反感情绪和冲突，从而达到发展乡村社区旅游的主要目的，主要包括：①要有效地进行经济发展和资源保护；②在社区内创造公平的利益分配体系；③发展当地社区的服务员，增强他们保护资源的责任感，自觉地参与到旅游中来等。

### 三、乡村旅游规划的技术路线

#### （一）规划阶段划分

乡村旅游虽然是一种特殊的旅游形式，但是乡村旅游规划也应当遵循一般旅游规划的原则和技术路线。当前国内还没有专门针对乡村旅游规划的技术路线，而关于一般旅游规划的技术路线却是众所纷纭。对此，本书在对国内相关研究进行梳理的基础上大致将乡村旅游规划分为5个阶段，即规划准备阶段、调查分析阶段、确定规划思路阶段、制定规划阶段和组织实施阶段。

#### （二）规划阶段内容

第一阶段：乡村旅游规划的准备阶段。乡村旅游规划准备阶段的工作内容主要包括：一是明确乡村旅游规划的基本范畴；二是明确负责乡村旅游规划的责任人，组织乡村旅游规划小组；三是设计社区参与乡村旅游规划的基本框架；④建立乡村旅游规划保障机制。这些都是乡村旅游规划顺利进行的重要保证，如果准备阶段的工作不到位，那么乡村旅游规划很可能会因各种意外状况。例如，因社区参与不健全导致村民反对、突发问题找不到负责人等而夭折。

第二阶段：调查分析阶段。乡村旅游规划调查分析阶段的工作内容主要包括：①对乡村的整体现状进行分析，包括乡村自然地理环境、社会人文环境等；②对乡村潜在的旅游资源进行挖掘，确定哪些资源能开发成旅游产品，并对这些资源做出定性和定量分析，为后续的旅游资源的保护奠定基础；③对乡村旅游目标市场进行分析，分析的内容包括潜在游客的旅游倾向、收入、市场规模大小等；④对乡村旅游发展进行 SWOT 分析，即详细地对该乡村发展旅游的优势、劣势、机遇、挑战等进行分析。

第三阶段：确定规划思路阶段。该阶段的主要工作是通过对以上乡村旅游发展的背景和现状进行整体的联系性剖析，结合乡村的历史、社会、经济、文化、生态实情，综合确定乡村旅游发展的战略定位，在宏观上确定乡村旅游发展的方向定位，在此基础上，确定未来乡村旅游的具体发展目标。

第四阶段：制定规划阶段。制定规划阶段是乡村旅游规划工作的主体部分，是构建乡村旅游规划内容体系的核心，主要工作就是根据前几个阶段调查和分析的结果，并依据发展乡村旅游的总体思路，提出乡村旅游发展的具体措施，包括乡村旅游产业发展规划和乡村旅游开发建设规划等。需要注意的是，在制定详细的规划内容时，必须考虑规划区域的乡村社区建设和社区居民的切身利益。

第五阶段：组织实施阶段。组织实施阶段的主要工作内容就是将乡村旅游规划落实。值得注意的是，在落实的过程中不能盲目地依照规划文件进行，而是要结合乡村社会经济现状进行微调，确保乡村旅游与乡村社会经济更加契合。同时，也要做好乡村旅游规划的综合评价工作，及时进行信息反馈，为后续的规划提供参照。

## 四、乡村旅游形象规划

旅游形象指的就是旅游者对旅游地的认识和评价，它是旅游地在旅游者心中的一种感性存在。旅游形象对于旅游营销和发展有着十分巨大的影响。对于很多潜在的游客而言，旅游形象的好坏直接决定了他们是否具有旅游的兴趣。随着国内旅游产业的迅速发展，旅游业开始进入买方市场中。对于游客而言，同类的旅游产品众多，在必要的情况下完全可以找到一个新的旅游产品，这种情况下旅游形象的重要性就凸显出来。在同样的条件下，旅游形象越好，给游客留下的印象也就越好，对游客的吸引力也就越大。从某种意义上说，旅游产业发展到今天，已经从最初的产品竞争时代进入形象竞争时代。

乡村旅游形象属于旅游形象中的一种。它是旅游者对乡村旅游目的地总体、概括的认识和评价，包括其乡村旅游活动、乡村旅游产品及服务等在其心目中形成的总体、概括的认识和评价。乡村旅游形象的确立在乡村旅游发展中同样具有举足轻重的地位。

### （一）现状问题分析

我国乡村旅游形象设计目前主要存在以下两大问题：

#### 1. 不重视旅游形象的塑造和传播

我国绝大部分乡村旅游区都没有进行过专门的形象设计，在对外宣传时很多乡村旅游区都是以"全国农业旅游示范点"为口号的。事实上，农业旅游与乡村旅游有很大的区别，并且"全国农业旅游示范点"也绝没有想象中的那么多。有的乡村旅游没有属于自身的标徽，有的乡村旅游没有独具特色的旅游纪念品，这些导致乡村旅游很难给游客留下深刻的印象，对于大部分游客而言，选择这个乡村旅游和选择另一个乡村旅游并没有根本性的区别，如此乡村旅游发展较为缓慢也就不难理解了。以上都说明我国乡村旅游在旅游形象塑造上还存在缺失。

#### 2. 形象定位模糊

乡村旅游形象的确定需要与当地的人文资源和自然结合在一起，如此方能够给游客留下直观的感受，让游客看到这一旅游形象就能够想象旅游经历。但是目前国内乡村旅游要么没有专门的旅游形象，要么虽然确定了旅游形象，但是旅游形象却和实际现状不符，例如，部分乡村的建筑风格、道路、饮食、服饰、农具等并不协调，给游客留下一种虚假的印象，在游览中游客很难真正体会农家生活。

### （二）形象定位前提研究

乡村旅游地形象的规划过程，主要包括前期的基础性研究和后期的显示性研究。基础性研究主要包括地方文脉分析、市场调查分析以及旅游地竞争分析 3 个方面。

1. 地方文脉分析

地方文脉主要指的是乡村旅游地区的特色资源和民俗文化。对于任何一个旅游地区而言，独特的资源与人文景观都是旅游产业迅速发展的重要保证，乡村旅游也不例外。此外，有别于其他地区的旅游资源和人文景观先天就能够成为一个旅游地区的形象符号。

2. 市场调查分析

游客对于不同的旅游形象接受力度是不同的，例如，一些可爱的卡通形象和美丽的自然风光总能够更容易地获得游客的认可，反之一些比较粗糙，有悖于传统审美观念的形象却很难受到游客的认可。因此，乡村旅游形象的规划也要对市场进行详细的调查分析，这样才能够保证最终确定的乡村旅游形象能够满足潜在游客的预期心理目的。

3. 旅游地竞争分析

随着旅游产业的不断发展，很多地方政府将乡村旅游视为经济发展的核心动力，这种情况下越来越多的乡村开始涉足旅游业，但同时也带来了乡村旅游形象的同质化问题，在乡村旅游中多个乡村采用同一旅游形象的事件屡见不鲜。因此，在进行乡村旅游形象规划时要对旅游地的竞争进行分析，避免出现乡村旅游形象与其他旅游地区一致的现象。

**（三）形象定位确定原则**

乡村旅游的形象定位是乡村旅游形象塑造的前提与核心。乡村旅游地形象定位应该在遵循整体性和差异性总体原则的基础上，反映市场需求，体现乡村自然与文化资源价值，同时应与乡村旅游产品的策划相结合。

1. 满足乡村旅游的市场需求

旅游地形象是影响目标市场购买决策的主要驱动因素，作为旅游企业运营的一个环节，其本质是一种旅游市场营销活动，而旅游地旅游开发一般是以其整体形象作为旅游吸引因素推动旅游市场的，因此旅游地整体形象的塑造也必须紧扣旅游市场的发展趋势和需求。此外，乡村旅游地形象定位除了把握定位的目标市场以外，还必须做进一步的市场细分，目的是与共享相同目标市场的乡村旅游地在市场方面实行差异化策略，以分流竞争力。

### 2. 体现资源的自然与文化价值

乡村旅游形象的规划必须与当地的自然与文化价值保持一致，这是发挥乡村旅游形象对乡村旅游促进作用的一个重要前提。但就旅游形象而言，能够选择的旅游形象很多，名人、文物、自然风光、独特的建筑等都可以成为旅游形象，但是对于乡村旅游形象而言，必须要考虑该形象与乡村的契合性，例如，以休闲旅游为主的乡村旅游地区便不能随意选择一个当地名人作为旅游形象，一方面该当地名人在全国乃至全世界范围内不一定具有足够的知名度，另一方面将名人作为旅游形象与休闲旅游的主题不相符合。因此，在选择乡村旅游形象时要对旅游区的自然与文化价值进行深入研究，可以针对其中的一点，也可以宏观上把握自然与文化价值，将其在旅游形象中综合体现出来。

### 3. 与旅游产品策划紧密结合

对乡村旅游形象进行规划的主要目的是吸引更多的潜在游客，推动乡村旅游的发展，而旅游产品作为乡村旅游的主体，乡村旅游形象的规划必须与旅游产品紧密结合，两者是相辅相成的。一方面，乡村旅游形象规划的好坏对于旅游产品在旅游市场上的认可度有着极大的影响，好的旅游形象能够在潜移默化中提高游客对旅游产品的认同感；另一方面，好的旅游产品也有助于扩大旅游形象的影响力，越好的旅游产品就越受到市场的欢迎，而产品上的旅游形象的影响力也会随之不断提高。

### 4. 使乡村旅游者的心理可接受

旅游地形象的传播对象是旅游者，在定位旅游地形象时，受众调查和市场分析是必不可少的环节。旅游地形象的构建，其目的是更大限度地开发潜在旅游市场，让游客更清晰、方便地了解旅游地的特点及其独特之处，从而诱发旅游动机。乡村旅游地形象定位应当考虑旅游者是否能够接受的心理。

### (四)形象识别系统设计

乡村旅游形象识别系统的设计是旅游形象的具体表达，主要包括理念识别系统、视觉识别系统和行为识别系统的设计。

#### 1. 理念识别系统

从乡村旅游的角度来说，理念指的就是乡村旅游发展所需要遵循的思路与方向，而最能够体现乡村旅游理念的莫过于经典的宣传口号。分析国内比较成功的乡村旅游区不难发现，一个好的宣传口号是必不可少的，也是区别于其他乡村旅游区的一个重要标准。

#### 2. 视觉识别系统

视觉识别主要是在视觉上让游客意识到乡村旅游地的特殊之处。一般来说，视觉识别主要是通过旅游地的形象标识、户外广告、旅游纪念品等来完成的。当然，如果有的旅游地的自然景观或者人文景观也能够给人留下深刻的印象，那么这些也可以作为视觉识别系统的一部分。

#### 3. 行为识别系统

行为识别系统的建立可以从以下两个方面着手：①服务行为形象设计。乡村旅游属于第三产业服务业，因此服务行为对于乡村旅游有着极大的影响，这就需要进行专门的服务行为形象设计，通过良好的服务行为来加深游客对旅游地的认同感。对此可以分类从交通运输服务、导游服务、住宿餐饮服务、购物服务等角度进行。②感知形象设计。感知形象设计包括听觉、味觉、嗅觉等设计。听觉形象设计主要指旅游地的语言、方言、地方民歌、旅游景区的主题曲和背景音乐等。味觉形象设计主要指发展本地餐饮业，建立适量的农家菜馆，提供有当地特色的农家菜肴。嗅觉形象设计主要指种植具有地方特色或反映四季变化，具有芳香气味的花草树木。

### 五、乡村旅游设施规划

乡村旅游设施包括乡村旅游基础设施和乡村旅游服务设施。其中,乡村旅游基础设施包含交通设施、给排水设施、电力通信系统、供暖与空调系统及卫生设施;乡村旅游服务设施包含乡村旅游住宿设施、商业与餐饮设施、游憩与娱乐设施及旅游辅助设施。从广义上讲,乡村旅游设施包含了所有满足旅游者需要的内容,这些从各个方面为旅游者提供服务;从形象上看,乡村旅游设施是乡村旅游区景观最重要的组成部分;从功能上看,乡村旅游设施承载着各种旅游活动,是各种乡村旅游产品的载体。

### (一)认清主要矛盾

目前,我国的乡村旅游在设施规划上主要存在以下两个方面的矛盾,这些矛盾使得乡村旅游的发展并没有真正成为新农村建设的推动力,反而引发了一系列的不必要矛盾。

#### 1. 居民与游客的矛盾

在乡村旅游设施的使用过程中,居民与游客产生矛盾并不新鲜。原因在于乡村旅游设施的服务界限过于模糊,很多设施同时服务游客与居民,如商店、道路、公共卫生、停车场等,在旅游淡季居民与游客的矛盾尚不突出,但是随着旅游旺季的到来,设施开始紧张,游客与居民在设施的使用上矛盾开始凸显。

#### 2. 设施的配置与乡村用地之间的矛盾

众所周知,乡村的用地都是根据本村村民的数量来进行配置的,但是乡村旅游的发展意味着需要占用一部分土地来建设新的设施,而占用哪一户村民的土地则成为矛盾的焦点:对于很多村民而言,将土地用于设施的建设获得的赔偿远不如自己种地的收入高,因此设施的配置与乡村用地之间一直存在着巨大的矛盾。

### (二)基础与服务协调配套

在交通上,应当对乡村旅游地及其周边的道路、出入口、停车场、游览步道等进行合理布局,使游客进得来、留得住、出得去。在给排水方面,最重要的是需要保证给水的质量和安全，保证乡村旅游地的排水设施在暴雨时不会妨碍旅游者的通行，以及污水不会危及乡村的环境质量。在电力通信、供暖与空调、卫生设施等方面，也都应该相应配套，保证足够的容量和使用方便。需要注意的是，为了适应网络时代的到来和方便通信和联系，有条件的乡村还应当积极促进互联网的建设，如建设自己的旅游门户网站。另外，所有的基础设施之间应当统筹考虑，协调安排和弹性规划。

在乡村旅游基础设施已经完善的基础上，要考虑其他设施的配套问题。例如，在乡村旅游的住宿上，要综合考虑客源市场的社会经济状况，建设不同等级的住宿设施，以便更好地满足不同收入游客的住宿需求；再比如，在商业购物与餐饮设施上，两者不能过于集中，要结合人流量流出足够的公共空间来供游客休闲购物，同时商业购物设施旁要尽可能地配备餐饮设施，以便游客在购物之余能够享受到乡村饮食趣味。此外，一些相关的辅助性设施也是必不可少的，例如，安全保障设施、行政组织设施等，这些设施看似与游客没有直接的联系，但是对于塑造乡村旅游地良好的形象却有着十分重要的意义，同时也能够为游客提供更为便捷的服务。

**（三）分散与集中有机结合**

一般来说，乡村旅游设施的空间布局大致可以分为两种类型，一种是分散式布置，另一种则是集中式布置。在规划乡村旅游设施时需要根据设施的特点来灵活地采用不同的方式，例如，农家乐等接待设施比较适合分散式布置，原因在于两个方面：一方面，农家乐等接待设施过于集中将会直接导致游客的集中，而游客的集中又会给乡村的旅游服务带来巨大的压力；另一方面，农家乐等接待设施过于集中很容易出现恶性竞争现象，不利于乡村旅游的健康持续发展。再比如，商业区等服务设施，这种类型的服务设施应当采取集中式布置，发挥其规模效应。例如，太湖西山的明月湾就是一条沿着太湖布置的以乡村美食为主题的商业街。

值得注意的是，乡村旅游游客服务中心需要综合采用分散式布置和集中式布置两种形式。一方面，旅游地需要在与乡村保持一定距离的地方建立独立的建筑，来统筹负责售票、购物、咨询、导游、展示等服务，这属于集中式布置。另一方面，考虑到旅游地随时可能存在突发状况，因此在旅游路线的关键点要采用分散式布置方式布置承担购物、咨询、导游等部分职能的小型接待站，以此来保证旅游服务的全面性。

总而言之，分散和集中并不是固定而一成不变的，也不是绝对的，它们之间应当是相互补充和配合的关系。集中含有分散，分散内有集中，两者有机结合方为成功之道。

**（四）单轨与双轨功能**

单轨指的就是乡村旅游服务设施只为游客或者村民提供服务，双轨则指的是旅游服务设施同时为游客和村民提供服务。部分旅游设施先天就具有双轨的功能，道路等基础设施，在建设这些设施时既需要考虑到村民的出入问题，也要考虑到游客的进出和集散问题。也有部分设施以单轨功能为主，例如，村里的老年活动中心就只是为村里的老年人服务的。因此，在对乡村旅游设施进行规划时要着重考虑旅游设施的单轨与双轨功能，规划更多考虑的应该是如何使更多的设施可以为居民与游客共用，其使用方式上可以是部分使用、错时使用、错空使用及同时同地使用等，如文化娱乐设施、休闲设施、餐饮设施等就可以共同使用。基础和服务设施使用双轨制，既有利于当地居民的生产生活，又有利于游客的旅游活动。因此，为了营造新时代舒适宜人、富有特色的村庄旅游环境与和谐的人居环境，需要尽量对设施功能进行复合考虑。

**（五）乡土与文脉完美融合**

乡村旅游服务设施是乡村旅游的重要吸引物，因此乡村旅游服务设施的设计应该反映乡土文化，与当地的文脉相整合。

**1. 乡村特色餐饮设施**

餐饮是乡村旅游的一个重要组成部分，餐饮设施能体现出足够的乡土特色，对于游客而言极具有吸引力。目前，国内在这方面做得比较好的有太湖明月湾的农家乐，明月湾沿着太湖统一建设一条美食街，美食街的建筑全部由各种各样的木屋构成，坐在古朴的木屋当中，吃着太湖独有的农家菜，欣赏着太湖美丽的风光，这对于游客而言是一个巨大的享受，如此太湖明月湾的农家乐取得成功也就不难理解了。

### 2. 乡村特色住宿设施

住宿设施应符合本地建筑风格，应与环境相协调。乡村旅游住宿设施是在乡村建设的适合城里人居住而又不失乡土特色的住宿设施。因此，一定要保持原汁原味的乡土建筑特色，与所在地的人文、地理、气候、民俗等相适合。要追求回归自然、文化内涵丰富；讲究淳朴简洁，清新淡雅，赏心悦目，就地取材，其颜色的选择和建筑风格模式应与周围环境相协调、融洽，相映成趣。

### （六）技术与生态相互支撑

在旅游设施规划中需要在技术上引入生态的理念，使二者相互融合，相互支撑，以达到保护环境、节约资源、保持生态平衡、促进人与自然界和谐发展的目标。

在乡村旅游设施规划中，技术与生态的相互支撑主要表现在以下 4 个方面：

### 1. 建筑功能生态化

建筑功能生态化主要指的是建筑的设计、布局、采光、通风要自然化，而不是简单地依靠现代家电。这就需要对建筑设施进行规划时着重考虑以下两点：一是在设计中重视建筑设施的生态化布局，要结合建筑场地的气候、水文、地质、相貌、植被等特点来对建筑设施进行布局，保证建筑设施在完工之后不仅能够降低对周边景观的影响，更要保证建筑能够最大限度地利用当地的各种水文自然景观，实现建筑与自然的和谐共处；二是建筑的采光与通风要自然生态化，建筑内部的采光要尽可能地利用明媚的自然阳光，建筑内部与外部环境的交流要保持自然，而不是单纯地依靠空调等现代电器来满足建筑的采光和通风需求。

## 2. 能源生态化

能源生态化指的就是降低对传统火电等污染较大能源的需求，尽可能地使用清洁能源。正如前文中所论述的乡村旅游地的生态环境是极为脆弱的，这种脆弱在能源污染面前更是不堪一击，因此乡村旅游设施在规划时要尽可能地使用太阳能等清洁能源，太阳能不丰富的地区也可以发展生态沼气。

## 3. 物质循环与再生

随着游客的增加，对于旅游地而言，所面临的一个重要问题就是垃圾的处理，如果按照传统的垃圾处理方式，即建设垃圾处理站—对垃圾进行回收—统一进行焚烧填埋，这种方式不仅需要投入大量的资金，而且对当地的生态环境也有极大的破坏作用。因此，在对服务设施进行规划时可以从循环与再生的角度着手来建设垃圾处理设施，将生态沼气与垃圾处理设施结合起来。同时，服务设施应尽可能地使用木材、竹材等可循环利用的资源。

## 4. 水生态化

水是乡村旅游景观的一个重要因素，很多研究证明，有水文景观的乡村更受欢迎，但同时水生态也是极为脆弱的，极易受到破坏，因此乡村旅游建筑设施的规划应当充分融入水生态理念，高度重视水的生态化使用，从供水环节开始到污水的处理都要保证水生态，从而实现水资源的高效利用。

其中，与乡村旅游结合得比较好的一个应用是人工湿地污水处理系统。人工湿地污水处理系统是目前低投资、低能耗且行之有效的处理与利用污水的系统工程，是在长期应用天然湿地净化功能基础上发展的水净化资源化生态工程处理技术，脱氮除磷效果明显，可作为污水二级处理的替代技术。它与常规污水处理系统的主要差别就是具有生物种群多样性的特点，运用在乡村旅游区中，其自然的景观与周围环境协调一致，也成为游客得以欣赏的另一道风景。

## 六、乡村旅游景观规划

乡村旅游景观规划，就是指对乡村旅游地内的各种景观要素进行整体规划与设计，使旅游景观要素空间分布格局、形态与自然环境中的各种生态过程和人类观瞻协调及和谐统一的一种综合规划方法。

## （一）反思：城市化的乡村景观

随着农村社会经济的不断发展及新型城镇化建设进程的加快，农村居民的现代化生活方式与传统的乡村性之间的矛盾也越来越突出，这一问题在城郊地区体现得尤为明显。大部分城郊地区的农村无论是在规划布局上还是生活方式上都基本和城市没有区别，乡村性开始逐步地消失。出现这种现象主要有以下两个原因：

第一，农民的收入水平在不断提高，但与城市生活相比，农村生活水平还比较低，如此在农村收入提高的背景下，农村开始追求与城市一样的生活方式也在所难免，越来越多的农村居民开始将自己房屋的建造向城市建筑靠拢，装修也基本上和城市保持一致。这种生活方式固然提高了农民的生活质量，但是从乡村旅游的角度来看，当游客进入农村之后发现与其在城市生活并无区别时，旅游的性质自然会大幅度下降，如此乡村旅游自然难以得到发展。

第二，社会主义新农村建设是农村社会经济发展的一个重要目标。但是很多地方政府对新农村的认识却出现了偏差，认为整齐排列的住宅与宽阔的道路就是新农村的表现，却忽略了这种新农村建设方式所造成的直接后果就是"千村一面"，毫无特点可言，乡村旅游的发展潜力遭到破坏。

基于以上原因，为了避免乡村旅游在发展中出现城市化现象，必须要对乡村旅游景观进行科学规划，以此来保证乡村旅游持久的生命力。

## （二）乡村旅游景观之结构规划

对景观的空间结构规划，可以引入景观生态学原理。景观生态学将景观的空间形态结构归纳为三个元素：斑块、廊道和基质乡村旅游的景观生态单元、功能及原则因规划区域的范围大小而有所不同，一般来说分为宏观和微观两种尺度。在宏观尺度，斑块往往是指耕地、园地、林地、疏林地、水库、湖泊、村落、工矿等；

廊道一般指河流、道路等;基质一般指成片分布的农田、大面积的山林等。而在微观尺度,斑块代表乡村旅游的产品单元,即游客的消费场所(农舍、景点、宿营地等);廊道代表景点之间的路径;基质代表生态背景。乡村旅游区的景观结构规划是基于宏观层面考虑的。

乡村旅游景观的结构设计就是以斑块为乡村景观主题与游憩项目开展的主载体,以廊道为游客流动及乡村旅游区内能源与物质流动的主渠道,将各斑块、基质和谐地交织起来,形成一个浑然天成的乡村旅游景观格局。

### 1. 斑块的规划

斑块的规划要点在于斑块属性的选择、实体设计和空间布局三个方面,应选择具有代表性意义的乡村景观类型和活动区,然后以巧妙的空间布局为辅助是斑块规划的关键所在。其中,斑块属性的选择就是乡村旅游景观的选择,这方面需要根据乡村旅游资源及乡村潜在旅游市场需求来进行规划,例如,林地资源比较丰富的地区可以规划登山、野营、探险等熟悉的斑块,而平原地区则可以选择农事活动的体验、乡村文化探秘等斑块。

### 2. 廊道的规划

廊道规划可以从区间廊道、区内廊道和斑内廊道三个方面着手。其中,区间廊道主要指的是不同旅游景点之间的通道,区内通道指的是同一旅游景点之间的通道,斑内廊道则指的是各个斑块之间的通道。在对廊道进行规划时要尽可能地使用天然的自然通道,同时也要避开生态比较脆弱的地带,选择生态恢复功能较强的地带,只有这样才能够保证乡村旅游在发展中不会对当地的生态造成太大的影响。廊道的规划也要兼顾趣味性,不能简单地将其视为一种旅游通道,水资源、奇石资源等都可以用于廊道规划中。

### 3. 基质的规划

"基质"作为生态旅游区的背景具有普遍性,如热带雨林、亚热带阔叶林、高山草甸、红树林等等。当其背景性消失而特征性突出时,就可转化为新的旅游吸引物（斑），因此基于"斑"与"基"的递变性，生态背景（基）具有旅游意义，如通过树种花卉等植被的重复出现和园林雕塑造型的设计，可构成具有明显旅游意义的视觉单元（斑）。

对基质的研究有助于认清旅游地的环境背景，有助于对生态斑（生态敏感区）的选择和布局的指导，也有利于分析、确定与保护旅游地的生态系统特色。

**（三）乡村旅游景观之功能分区**

乡村旅游区的功能分区规划是为了使众多的规划对象有适当的区划关系，以便针对对象的属性和特征进行分区，既有利于突出规划对象的分区特点，又有利于体现规划区的总体特征。

不同的乡村旅游区，因其现状条件及发展目标不同，在分区组成上也有所区别。一般综合性的乡村旅游区分区组成较为复杂，而观光农园的分区组成则较为简单。规划时可根据实际情况确定组成各个分区的内容，不求大求全。

1. 功能分区的一般性规划原则

一是既要通过各种廊道来解决不同功能斑块区之间的分隔、过渡、联络问题，更要保证乡村景观的相对完整性。

二是对于功能斑块区的划分要根据旅游项目的类别和用地性质进行，如此方能够确保分区之后不仅便于管理，而且不会因季节的变化失去美感。

三是坚持科学、生态、艺术的原则，构造优美乡村旅游景观格局，在构建的过程中以路网为骨架最为理想。

四是在对功能斑块区进行划分时不仅要突出各个分区的特点，保证旅游产品的特色，更要控制各个分区的规模。

2. 分区类型

地理环境等因素的不同，乡村旅游区的划分也不尽相同。但是一般来说，绝大部分的乡村旅游区都分为农业生产区、展示区、观景游览区、农业文化区、游乐区及服务区。农业生产区，即将农业生产活动作为该区域的主要旅游产品，为游客提供参与到农业生产中的契机；展示区，即向游客展示各种农业生产工具及农村的一些特有手工业产品，该区域以参观为主，也伴有一定的实践操作，如游客可以尝试自己制作手工业品；观景游览区，即以农村的自然风光为主题的游览活动；农业文化区，即向游客介绍本地区的农耕文化；游乐区，即纯粹以娱乐为目的的区域；服务区，向游客提供饮食、住宿、购物等服务，方便游客的生活。

### （四）乡村旅游景观之视觉设计

景观美学是通过美学原理研究景观艺术的美学特征和规律的学科。在乡村旅游景观规划设计时，可运用一般景观美学原理来美化乡村景观风貌。

#### 1. 注重景观序列的规划

景观序列指的就是将一连串的景观按照一定的顺序进行排列。景观的种类多样，但是如果将这些景观随意堆放在一起，那么很容易产生视觉上的冲突，对游客的吸引力也会大幅度下降，因此在乡村旅游中应当科学地对乡村旅游景观进行排序。一般来说，景观的排序方式大致有以下四种：一是将景观视为一个故事，按照序景—展开—高潮—余韵的顺序进行排列，起到层层推进的作用；二是通过对比来凸显某个景观的特点，即将两种同类但又特点不同的景观放在一起进行对比，在对比中加深游客对景观的印象；三是通过并列将景观规模化，即将大量同类主题的景观放在一起，从而起到规模化效应；四是根据时间来对景观进行排列，如按照春—夏—秋—冬的顺序来布置景观，保证每个季节景观都有其特色。

#### 2. 注重景观的边界和焦点的规划

在景观的规划中，很多人误以为游客能够直接看到的景观规划是最为重要的，但是不容忽视的是，能够直接看到的景观给游客留下的印象往往不是很深刻，相反那些肉眼能够看到，但是又看不清的景观边缘，如水岸线、山水轮廓等因充满无限的想象空间给游客留下的印象反而更加深刻。因此，在乡村旅游景观规划中景观的边界和焦点的规划是十分重要的，这一点对于处于山地丘陵地区的乡村旅游区而言更为重要。对此在乡村旅游规划中可以通过规划来对地形进行一定的改造，加强地势边缘的多变性，也可以在林缘处增加附有层次感的花丛灌木作为过渡地带，对林缘边界进行美化等。

### 3. 凸现优美景观，控制消极景观

并不是所有的天然景观都是美的。在农村地区由于村民需要进行各种农业活动，农村的天然景观往往显得十分杂乱，这就需要在进行乡村旅游规划时有意地对那些不优美的景观（消极景观）进行控制，着重突出优美景观，例如，通过不同植物的搭配，利用孤植、对植、列植等方式来赋予乡村天然景观更多的变化，丰富乡村天然景观。

值得注意的是，很多游客对于带有水体的景观情有独钟，因此在乡村旅游规划中要尽可能地利用现有的水潭、池塘、小溪等水域景观，或者通过人工来创造水域景观，与植物景观共同发挥作用，增强对游客的吸引力。水体景观的构造要与地形景观相结合，一方面要保证土方的稳定，避免生态遭到破坏，另一方面也要利用地形因素来实现水体的自然循环，避免形成死水。同时，在水体景观构造之后也要对水体进行一定的规划，例如将水体用来养鱼或者种植各种水中植物等，这样既能够增加水体的美感，也有利于水体的净化。

### 4. 注重人造设施的自然风格规划

人造设施是乡村旅游必不可少的一部分，比较常见的人造设施，如具有乡村气息的建筑民居、住宿设施、卫生设施、道路设施等。虽然人造设施是乡村旅游不可或缺的一部分，但是人造设施的规划也要与当地的旅游景观相结合，本书在此主要对民居建筑、住宿设施、卫生设施进行详细的分析。

一是对于乡村的民居建筑，应当以突出地方文化为基本原则，民居建筑尽可能保持传统风貌，整体的空间布局也应向传统靠拢。

二是对于新建的住宿设施，应当充分考虑当地的自然环境、人文环境，确保住宿设施能够与当地的民居建筑融合在一起。

　　三是对于卫生设施，设施的外观要尽可能自然化，例如，将公共卫生间和垃圾桶设计成植物样式，避免在自然景观中人工设施给人带来一种突兀感。

# 第四章　乡村旅游创意的开发

## 第一节　乡村旅游创意开发类型

### 一、创意旅游的兴起

创意旅游的概念，即通过旅游过程的积极参与和从其选择的度假目的地学来的经验，为游客提供发展创意潜质的机会，是游客在游览过程中学习旅游目的地国家或社区的某种文化或技巧的一种旅游产品。创意旅游作为新兴产业，将创意要素融入旅游产业的发展过程，不但突破了有形资源的发展束缚，还实现了三次产业的融合发展，对乡村经济发展具有不可估量的推动力。

创意旅游有 3 个核心要素：①文化是创意旅游的前提和基础。在当今文旅融合发展的大背景下，创意旅游是满足人们对美好生活需要的有效途径，而做好创意旅游需要深度挖掘文化内涵并变革其表现形式，只有从纵向上做好文化传承和横向上做好文化传播才能在旅游开发中促进创新创意开发的落地。②互动式学习与体验是创意旅游的实现路径和形式。伴随着市场需求日益多样化和多元化发展，对体验式旅游消费的需求日益提高，人们在旅游体验中才能更好地实现对地方文化的认知，在创意旅游体验中才能更好地促进市场的认可和认购目标的实现。③实现自我发展和目的地的社会经济发展是创意旅游的目标所在。创意旅游绝不是为创意而创意的噱头，它有自己的目标追求。作为市场交换的商品来看，必须实现满足市场消费需求，为顾客创造价值的基础上，实现自身的价值增值目标，进而促进地方社会经济发展目标的实现。总之，创意旅游是社会经济结构重构转型的需要，是文化传承与传播发展的需要，是消费市场消费方式升级换代的需要。在乡村旅游发展中,同样面临着创意开发的必要性和紧迫性。

## 二、创意乡村旅游:促进乡村旅游业的转型升级

### (一)通过资源优化与创新促进乡村旅游业的转型升级

传统乡村旅游业的发展主要依托的是乡村自然及生产生活资源,不仅受到资源本身丰富程度和等级高低的局限,而且也对环境保护形成极大的压力。创意乡村旅游虽然离不开乡村自然和生产生活资源的支撑,但更多的是属于智力密集型发展,需要在原有资源禀赋基础上,将个人不同的创意创造力转化为产品竞争力,通过在乡村旅游中融入创意元素将有形与无形的资源转化为受到市场认同的旅游产品,实现乡村旅游产业链的拓展和延伸。

资源的优化与创新需要转变资源观,将资源的单一功能拓展到多功能视角加以认识,才能为创意开发提供更多的可能领域。如传统对农业的认识就是单一的生产农副产品,缺乏对农业生态保护、文化传承、生命教育等多功能认识,因而利用的空间有限、形式单一。反之,在创意旅游视角下,对多功能农业的认识可以使乡村旅游产品更加丰富,如可以开发研学旅游、亲子教育旅游、康养旅游、农耕文化认知体验游等,通过乡村旅游资源利用方式更加多元化,进而促进乡村旅游产品更加丰富化,使乡村旅游业实现转型升级。

### (二)通过价值提升促进乡村旅游的转型升级

正如前文所述,乡村旅游价值应该多元理解,不仅有经济价值,还有社会治理价值、文化传承价值、生态保护价值、生命学习价值等。如通过创意乡村旅游的发展,可以提高游客和乡村居民的感性素养,提高其审美欣赏能力,进而促进美丽乡村建设落地生根,实现物质文明和精神文明的双进步。换句话说,从价值链构建的角度出发,通过以"创造力"创造乡村新价值,以"故事力"活化乡村文化资源,以"感受力"展现乡村文化资本,占领乡村旅游价值链的最高端促进乡村旅游的价值提升。创意元素的融入则是提高乡村旅游业产品附加值的必要手段。

### （三）通过结构优化促进乡村旅游业的转型升级

乡村旅游需求具有综合性特点，因而乡村旅游业的发展也必然涉及产业的各个方面。由于传统乡村旅游业尤其是农家乐模式的大量存在，乡村旅游产业融合及其结构优化方面还比较欠缺，第二产业薄弱、第三产业不强的局面还没有改变。通过创意乡村旅游的发展可以引入更多的智力资源，强化产品设计研发环节和营销推广环节，促进经济结构向"微笑曲线"两端延伸。如在农业产出方面对农副产品加大创意研发力度，强化对旅游购物品开发的艺术设计和美化包装，提高乡村旅游产品的感性美和增加附加值，进而促进乡村旅游业伴随着需求升级的转型目标的实现，优化乡村旅游业结构。

## 三、乡村旅游创意开发内涵

### （一）乡村旅游创意开发的概念

创意乡村旅游需要通过乡村旅游创意开发来实现。乡村旅游的开发主要依靠农业生物资源、农业经济资源、乡村社会资源等对象而开展的旅游活动。有利于让游客了解当地的风土人情、认识当地的风俗习惯。该行为的目的具有多样性，比如给乡村带来利润、保护稀缺资源和环境、加快农民迈向小康生活的步伐、传承传统民俗文化等，所以乡村旅游开发具有一定的经济性、政治性和公益性。乡村旅游创意开发需要用活乡村的本土材料、果林、菜园等，而不是城市化的照搬照抄。要按照乡村原有的脉络进行梳理，策划新产业，引进新思想，让更多年轻人回到乡村，将规划与运营有机结合，让美丽乡村产生美丽经济。概括来说，乡村旅游创意开发是指乡村旅游开发者基于乡村的地域景观特色和民俗文化资源等进行的一系列突破常规有创新的开发建设活动。

乡村旅游创意开发的外延是十分广阔的。从乡村旅游具备的功能来看，主要包括生产功能、生态功能、社会功能、文化功能、教育功能、游憩功能、医疗功能等，因此在创意开发方面就可以围绕这些功能创意设计产品类型与体验形态，形成丰富的产品线；从乡村旅游凭借的资源种类来看，主要有农业生产资源如农作物、农耕活动、农具和家禽家畜等、农民生活特色如农民本身特质、日常生活特色、乡村文化庆典活动等、乡村生态环境如乡村气象、地理、生物和景观等，因此可以依托这些种类繁多的资源加以创意开发，为游客提供更加丰富多样的乡村生活体验；从乡村旅游活动的主要内容来看，最基本的食、住、行、游、购、娱6要素是乡村旅游活动中不可缺失的，创意开发需要针对当代人消费的新需求特征，将文化内涵展现出来，赋予乡村旅游产品一种有艺术品质感的形态，形成有回味性的乡村旅游体验产品。

成功的乡村旅游创意开发就是要充分挖掘乡村特有的资源，并形成独特的乡村旅游产品，适应和满足旅游市场消费需求，当两者能够相互契合的时候，才能达到乡村旅游创意开发的最终目的，实现供求双方对美好生活的追求和期望。

### （二）乡村旅游创意开发的价值

乡村旅游的创意开发离不开创意者的创造力和消费者的欣赏力。创意的本质是基于创造力而产生的想法，乡村旅游创意开发的基本要素是知识产权和文化属性，内涵的核心是创意和创新，产生的背景是注重知识和文化的知识经济时代。乡村旅游创意开发不仅重视文化的经济化，更重视产业的文化化。无论是创意的生产者还是消费者都要有一定的知识储备和审美能力，才能在乡村旅游中发现美、创造美和享受美。

乡村旅游创意开发除了主体要具有感受美的能力外，还离不开物质资源载体的现代性支撑，无论是生产工具的使用，还是消费环境的营造，以及消费者的饮食起居，都体现了科技带给创意乡村旅游的助力价值，也在一定程度上促进了整个产业结构的转型升级，体现了旅游服务业与旅游制造业相互促进、协同发展，共同推动了乡村旅游创意开发的进程。因此，可以从以下两方面认识乡村旅游创意开发的价值。

#### 1. 提升了乡村旅游主体的人文素养，促进了社会文明的进步

乡村旅游主体包括旅游经营者和旅游消费者。从旅游消费升级的角度看，旅

游者需求已从单纯的观光旅游向休闲度假和专项旅游需求转化，这种变化的结果就是对乡村旅游的审美观在进化，尤其是"80后"和"90后"已成为市场消费主体，他们大多受过良好的教育，对知识和文化的多样化需求日益明显，需要通过富有审美价值的乡村旅游产品来实现自己精神升华的消费需求；从旅游供给转型的角度看，日益激烈的竞争迫使乡村旅游供给者必须谋求不断创新，创造差异化旅游体验，增加产品的创意元素，在保持乡村性的前提下提高审美能力，营造和提供和谐的富有美感的乡村旅游消费环境和产品。为此需要克服自身感性素养不高的缺点，加强学习吸取美学养分，以提高乡村旅游产品吸引力和竞争力。正如罗凯提出的农业劳动主体要实现革命，即将具有生产农产品的素质、形成生产农产品的思维和从事生产农产品的农业劳动主体改变为具有农业美学素质、形成农业美学思维和从事农业美学工作的农业劳动主体，虽然目前来看要实现主体革命还较难，但这是乡村旅游创意开发乃至未来形成创意乡村旅游美好生活必须要突破的地方。

2. 改变了乡村旅游客体的组合品质，促进了经济结构的升级

乡村旅游的客体既包括乡村旅游的各类依托的资源，也包括实现乡村旅游所必需的各类服务设施，它们都是乡村旅游创意开发的客体。旅游经济体系其实包括旅游服务业和旅游制造业，任何旅游服务业系统的运行都离不开旅游制造业的物质支撑，尤其是乡村创意旅游开发在围绕五官感知领域的创意离不开新科技的介入。换句话说，游客升级了的消费需求推动了制造业的转型升级，带动了三次产业的融合发展和结构优化，使无形的智力和有形的物质之间实现多种组合方式，带给游客不一样的新颖体验。

**（三）乡村旅游创意开发的特点**

乡村旅游的出现是现代人类生活方式发展的一种产物，它的出现吸引了大多数人类的心态和视觉态，特别是城市居民，长时间生活在恶化的污染环境中，需要跑到城市郊野和广阔的乡村，去呼吸一下宁静的乡村新鲜空气，体验一番农村、

农业和农民生活的"三农"天地、"三农"景色、"三农"民俗风情。因此，与乡村旅游相关的一些乡村旅游创意业态就雨后春笋般地发展起来，其创意特点有如下4点。

1. 乡村旅游将物质业态转化为精神业态

旅游是一种生活方式，是以精神享受和感受体验为主的生活方式。当这种方式进入农业领域后，则将原来单轮性质的农业物质享受转化为双轮性质的物质一精神双重享受。农业领域所开辟的精神享受和感受方式，使人们的生活境界发生了一个翻天覆地的变化，其前景是无限的、持续的、永恒的、美妙的。农业与旅游业的融合，使农业增加了一个应用渠道，使农业投入产生了旅游附加值；旅游业拓宽了产品领域，更加丰富了旅游业的内容。因此，乡村旅游是农业和旅游业的交叉产业，二者都具备了创意的火花和闪亮点。

2. 乡村旅游的业态创意十分丰富

从旅游的功能来看，有农业观光旅游、休闲旅游、体验旅游、教子旅游、租赁旅游、习农旅游、品尝农产旅游、购置农产品旅游等；从参与农业业态来看，有农耕旅游、收获体验旅游、植树造林旅游、牧场旅游、渔业旅游、农产品加工参与旅游等；从旅游产品类型来看，有农业观光园、市民农园、农业科技园、观光果园、观光牧园、农艺园、采摘园、乡村情趣园、垂钓园、森林公园、少儿农庄、民俗度假村、绿色生态度假村、生态园、度假农场、家庭农园、教育农场等。在技术与艺术的双轮驱动下，在市场需求变化的引领下，乡村旅游创意开发的业态不断丰富，且动态进化的特征明显。

3. 乡村旅游创意主题鲜明，注重文化内涵

定位鲜明的主题是给游客带来美好记忆的基础，能显著增强游客在旅游中的体验感，使人印象深刻，短时间内难以忘怀。首先，必须对目标客源市场进行深入细致的分析，并针对游客的需求，从旅游者异质性的需求特点出发来设计新产品；按照差异化原则，提供个性化、稀缺化的旅游产品和服务，营造独特的体验氛

围和环境，给游客带来的全新体验。其次，要对乡村旅游的资源进行深入细致的调研和分析，表现出的主题要能够体现本土特色。最后，避免与周边同类乡村旅游产品雷同，还要有核心竞争力，使产品稀缺化和个性化。游客在体验经济时代由物质需求转向精神需求，更加注重旅游产品的文化内涵和文化品位。没有文化内涵的乡村旅游产品是不可持续的，是没有生命力的。所以，旅游开发者在乡村旅游体验产品开发过程中，要充分研究当地的本土文化，细致了解乡村民风民情，深入挖掘当地的文化内涵，以艺术美感的方式表现出文化内涵的深度才能赢得市场。

4. 乡村旅游创意强化互动参与，注重感官体验

体验的核心也就是要吸引游客参与乡村旅游的互动，开发出的乡村旅游创意产品必须要融入参与和互动的元素，才有可能广泛提高游客的积极性。旅游企业也要从游客的视角出发，设计出游客参与性较强的乡村旅游创意产品，竭尽所能地创造条件让旅游者能够参与其中，这种体验可以在乡村旅游产品设计和生产过程中，也可以在销售和服务的过程中，让游客享受到体验的乐趣。开发乡村旅游产品重点是要刺激游客的感官。营造具有乡村特色的体验场景能给游客带来感官刺激，触动心灵世界，达到旅游体验的目的。通常来说，平淡的事情是不会引起人们的注意，因此乡村旅游产品设计要充分调动游客的五官，吸引游客的注意，集中精力围绕游客的感觉展开创意设计，有效刺激游客的视、听、味、嗅、触五种感觉，使游客的体验更加难以忘怀。

## 四、乡村旅游创意开发分类

乡村旅游创意作为一种新兴产业，将创意要素融入旅游产业的发展过程，突破了有形资源的发展束缚，实现了第一、二、三产业的融合，对区域经济发展具有不可估量的推动力。乡村旅游创意开发可以分为以下三大类。

### （一）功能创意

运用高科技手段开发乡村旅游的文化内涵，对某些特殊旅游项目进行多功能

的综合设计，给游客提供全新感受和体验。只有让游客深度体验，才会对旅游目的地产生深刻的印象，而不仅仅是走马观花。把游客引导在设计好的背景、服务、环境、产品中，让游客在旅游的过程中与布置好的场景融为一体，使游客感受到美好的体验，最终达到人景合一的境界。

**（二）过程创意**

过程创意是指在不改变产品本身的情况下对旅游产品的过程进行创意设计。运用细分市场的原理，旅游市场可以分为少年儿童、青年、中年、老年四个旅游市场。在旅游产品开发设计中，大多数是以收入较高，体质较好的青年和中年为对象来设计旅游产品的，而随着我国社会老龄化步伐的逐渐加快，老年旅游市场的潜力非常巨大，通过旅游过程的创意设计，从而满足老年旅游市场需要。另外，也可以按照不同的兴趣进行市场细分，不同兴趣的游客在旅游过程中有不同内容的消费需求，在消费内容上、节奏上、顺序上、等级上、组合方式上都可以创意设计组合，形成新颖的体验过程。

**（三）主题创意**

根据旅游产品生命周期理论，在主体资源不变的情况下，跟随市场的变化而推出新的旅游产品。教育主题是乡村旅游创意开发的重要领域，亲子教育主题是结合儿童"德、智、体、美、劳"及个性培养等方面能力，并以丰富的教育形式和吸引力，让儿童在旅游中有所收获，从而塑造儿童良好的品行，增强孩子的体质，培养儿童的能力，通过"行万里路"的形式，使儿童主动地面对社会中的各种生存压力和竞争。

# 第二节　乡村旅游创意开发主要内容

21世纪是创意经济时代。创意，同土地、技术、资金、劳动力一样，成为推动经济增长的关键因素。创意不仅与文化艺术、休闲旅游等满足人们精神需求的新兴产业有关，还渗透在各类传统产业中，成为传统产业转型升级的重要动力。用创意改造传统农业、传统乡村赋予乡村旅游新的内容就形成了创意乡村旅游。

## 一、乡村旅游创意开发原则

乡村旅游创意开发的核心是要把创意融入乡村旅游中，把创意与科技、文化、产业、市场、生态环境有机融合，全面挖掘乡村各方面潜能，拓展市场空间。

### （一）以人为本、生态当先

"以人为本"是科学发展观的核心，这里主要指在乡村旅游创意开发及经营管理中，坚持一切围绕人的需求展开创意设计，以调动和激发人的积极性和创造性为根本手段，以达到提高效率和人的自由全面发展为目的。

生态当先要求在创意开发中要将保护生态环境放在首位。创意开发中人类的任何活动，都必须对生态环境的开发做限制，通过规范管理，以管促治，有效减轻人类活动对生态系统的压力；在色彩和形式上要给人一种绿色、自然、健康、环保的感觉，让游客从视觉上对乡村旅游的农园、产品及其他内容产生兴趣。

### （二）因地制宜、适度合理

因地制宜要求考虑开发地特色，不能盲从于任何成功之地的已有发展道路，要选准目标市场进行有针对性的特色创意开发。

适度合理要求进行科学规划，合理布局乡村旅游创意开发的空间结构，既不能一哄而上，盲目重复建设，也不能无视消费市场需求而无所作为。

### （三）市场导向、科学发展

市场导向强调任何创意开发都不能脱离市场需求而为创意而创意，应结合不同消费者的不同需求,在创意开发价值链上纵向延伸(延长产业链长度)和横向扩展(拓宽产业链宽度),充分挖掘和整合乡村内部的各类资源满足市场需求。

科学发展要求创意开发中既要符合乡村生产销售的特点,也要符合乡村旅游业发展的客观规律,将文化创意融入乡村和旅游业整合开发实践中,实现可持续发展目标。

### (四)资源为基、优势为先

资源为基并非一味强调资源的富足度,虽然资源是基础,但是创意开发并非完全取决于资源禀赋,重要的是要认识到自己的优势何在,并通过创意开发最大化延伸自己的优势,同时围绕优势配置辅助设施和项目。

### (五)突出内涵、打造特色

无论开发的项目形式多么新颖刺激,关键还是要有体验内涵,传递一种创意的价值,形成独具特色的乡村旅游项目和体验环境,创造独特的体验价值。农耕文化、地域文化、创意文化及科技文化的交融再造,有助于形成特色鲜明、内涵丰富的项目。

### (六)功能多样、包容协调

开发项目的创意必须围绕功能定位,落实项目组合,由此可能会出现内容上的丰富多样性,如何将多项目有机组合包容为一个协调有序的项目组合就至关重要了。

### (七)效益兼顾、持续发展

乡村旅游的多功能性决定了其效益不仅体现在经济上,从可持续发展的角度上讲,非经济效益上的追求更为重要。在知识经济、信息经济和移动经济时代,必须兼顾多方利益,才能真正形成价值共创的新时代。

## 二、乡村旅游创意开发内容

乡村旅游创意开发要在思想观念上有创新发展思维,文化创新意识,对现有乡村文化进行挖掘梳理的基础上,用创新的思维进行创造与突破,把创意贯穿于乡村旅游开发的各环节、各层面，把乡村的自然风光、景观建筑、农耕文化、民俗文化等丰富的资源进行系统的分析、组合和重构，突出乡村旅游产品的特色和文化内涵。

### （一）乡村景观和建筑的创意开发

乡村景观和建筑是乡村旅游的主要载体，是乡村地区具有特色的文化符号。在乡村旅游景观和建筑的创意设计中引入文化创意设计，突破传统思维，既要提炼、保留乡村地区的传统性，又要筛选、引入城市的现代性，要运用文化创意的手法，把当地特色文化（农事农活、乡村节庆、历史文化、民俗风情），或培育新的特色文化和当前的时尚元素融入乡村旅游景观和建筑中，要把文化创意和乡村的地域性、符号性相结合，要根据不同层次的游客需求，设置大量可供选择的欣赏内容和参与项目，让游客在参与活动的愉悦中消费和体验具有特色的乡村文化，做到把传统性与现代性结合、地域性与符号性结合、情节性与参与性结合。

### （二）体验活动的创意开发

乡村旅游活动强调"参与"与"体验"两个核心内涵，从而让游客感受到更为真切的快乐。按照开展乡村旅游活动的主体元素的不同，可分为景观欣赏型活动、娱乐参与型活动、文化感受型活动等，按照活动开展的方式与类型，又可分为节庆活动、文化活动、游乐活动、科普教育等。针对不同主体与类型，创意开发的侧重点也不同，但基本原则都是突出乡土特征、强化参与体验感受、提升文化内涵。

乡村旅游过程中要设计具有创意的体验活动，就要懂得善用乡村旅游资源，增加其额外价值，提高经济收益。乡村旅游创意体验活动设计要以人为本，从人的五感出发，创意景观打动游客视觉；听风、听雨、听水、听鸟鸣，带动游客听觉；闻花香、闻草香、闻泥土香触动游客的嗅觉；品尝产品、品尝果品、品尝饮品感动游客的味觉；参与采摘、参与活动、参与制作引动游客的触觉体验。正如刘锋博士提出的那样，游客在旅游体验中有多种化需求要得到满足，如审美需求、愉悦需求、健康需求、文化需求、求知需求、精神需求等，这些需求用更加形象的表述语言来表达的话，就是要满足游客的"十二头"，即有看头、有玩头、有吃头、有住头、有买头、有说头、有拜头、有疗头、有行头、有学头、有享头、有回头。

乡村自然教育活动是一项非常重要的内容，是对乡村文明最好的传承方式。但就目前而言，我国乡村教育的内容、形式还比较单一，未来应更加注重对儿童心理的研究和对体验活动的设计，把枯燥的讲解变为寓教于乐的活动，让人们更多地通过实践与体验去感受乡村的自然美。

### （三）产品设计的创意开发

乡村旅游产品通常具有综合休闲、娱乐、文化、知识等的特性，使游客亲身感受到现代农业的发展、体验到乡村文化与生活，满足游客所想要的消费和服务上的愿望。这些产品主要包括乡村各种农副产品、特色农业产品、旅游纪念产品、休闲娱乐产品、养身美容产品、旅游度假产品、教育培训产品、特色风味产品等，以及无形的农业风光和体验参与的活动。

农产品外观的创意不仅仅只是改变产品的外形，而是将文化、艺术、科技、功能等内涵加入进去，突出"农"字特色，打造鲜明的主题，开发原创产品，同时注重产品的多元化营造，根据市场状况，满足不同层次、不同年龄、不同需求的游客。

农产品功能的创意实际上是产业链不断延伸的结果，不断在深度与广度上开发农产品的各种用途与价值，依托精深加工技术的运用，并将产品的功能延伸至生活、休闲、养生等领域，从而突破农产品只能满足一般的食用需求的局限，丰富与充实产品的科学与文化信息，进一步提升农产品的品位和知名度。

### （四）市场定位与营销的创意开发

主题定位。乡村旅游的主题定位首先在于它所涵有的"创意"，所做的设计应该是融合文化、艺术、休闲于一体，要让游客有新奇、特别的体验。

市场定位。对乡村旅游的市场定位应该进行有弹性的了解和把握，要对客源的年龄层次、市场、来源、流向、消费水平等方面进行深入研究，立足于能够判别市场不断更新发展的立场上建设满足游客需求的产品。

营销创意规划。开发者在对乡村旅游产品进行设计时，应从各方面考虑融入更多的创意元素，作为发生旅游活动的吸引物。产品应该在能满足游客的基础需求之外，还应有层出不穷的惊喜区别于传统的乡村旅游。产品可通过对不同的游客制定不同的价格，如对学生、儿童和老人制定的优惠价格，以及购买过 VIP 会员的游客；不同的季度制定不同的价格，在淡季时节应通过降价优惠吸引游客，而在旺季时节可适当提高价格从中获取利润；可根据景点、景观、活动的热度采用不同的定价方法，热度高、需求大的可适当提高价格；反之，价格可稍微调低。营销的渠道有各种各样，最典型的有以广告的形式，通过各个媒体平台对其进行宣传，此渠道为各层次游客都较为熟知的一种；通过销售渠道的各类部门、各个成员的营销推广，其中包括代理商、批发商、专门作为旅游中介的企业或个人等。要重视互联网营销渠道，特别是融媒体发展中多利用年轻游客喜欢的新媒体渠道如短视频、抖音、微信、微博等，获取更多利润。

# 第三节　乡村旅游创意开发程序

## 一、乡村旅游创意开发一般程序

乡村旅游创意开发一般程序可分为以下六个步骤。

### （一）明确市场定位

市场优先是乡村旅游产品创意开发应树立的基本观念，要贯穿于整个乡村旅游产品开发中。这是产品开发的第一步，即明确产品开发方向和发展目标。乡村旅游创意开发的市场定位过程，具体包括制定目标市场定位战略、市场增长战略、市场竞争战略和品牌战略，并基于这种市场定位进行乡村旅游创意开发的功能、特色、风貌和产业链定位等。产品开发本来就面临较大的经营风险，没有明确的市场定位，产品开发的风险就会更大。市场优先开发观念就是一种以顾客组合为中心的，意味着产品开发前、开发中、开发后的创新都需要以市场为导向，以市场来定制产品，有一种私人定制的风格，即专门为某一特定人群开发的乡村旅游产品。这样就可以避免一窝蜂式重复开发、盲目开发，避免开发偏离市场方向导致的损失发生。

### （二）创意凸显特色

特色是产品创意开发的根本要求。市场需求是多样化与差异化的统一，同一种或类似的乡村旅游产品很难满足各类市场的需求。特色是乡村旅游产品生命力所在，只有具有特色的旅游前才能真正吸引旅游者。因此，特色是乡村旅游产品参与市场竞争的根本。乡村旅游创意开发就要精心策划，凸显特色，做好形象定位。具体而言就是要对乡村旅游的特色和游客突出吸引点（或独特卖点）进行创意设计，做好主题定位，做到"人无我有，人有我特"。在此基础上对乡村风貌、形象口号、旅游要素和产业链等进行设计，从而塑造鲜明的品牌形象。

### （三）挖掘原真展示特色

挖掘原真展示特色，即挖掘乡村原真之美，原真展示乡村旅游特色。原真性是乡村旅游产品的灵魂，越是原真产品才越是富有市场吸引力。原真展示特色就是要充分挖掘自然之美、乡村本色之美，避免开发时破坏这些原真之美，并通过强化生态文明意识，进行绿色开发、循环开发、保护性开发，去真实展现特色农耕文明、乡村风情和淳朴民风，将农业、乡村和乡民独特风情真实展现出来。乡村旅游产品开发要围绕特色充分就地取材，对整体形象与风貌和旅游要素等进行原真设计和科学开发，既要尽量避免过度商业化、城市化，又要科学开发和展示"乡村性""农业性"。

### （四）设计游憩产品

设计游憩产品，即依据乡村特色和原真之美开发出可供旅游者游憩的景观、旅游活动项目等。在保持原真的基础上突出游憩性是乡村旅游产品开发的基本取向。要开发一个集农业生产、旅游服务和休闲度假等于一体的新兴产业，必须凸显游憩功能，从打造景观、开发游憩活动的视角去建设乡村旅游目的地。乡村旅游产品开发，一方面，要以农为"本"（以农业资源为基础，充分体现农业生产特点）充分挖掘农业资源之美、生产之美、参与之美，如果离开了农业资源或者只将农业资源当作点缀都会偏离乡村旅游真正的本质。另一方面，要以游为"魂"，在乡村与旅游空间布局、景观与农产设计、生产与旅游活动设计等方面充分凸显游憩功能，提升园区的"自然风景美、生态和谐美、文化景观美、旅游生活美、科学技术美和工程设施美"等景观，增强农业资源可观赏性、可娱乐性等，从而把乡村旅游地建设成为自然生态环境优美、旅游游憩活动丰富的宜游宜娱之地。

### （五）旅游体验的整体包装

乡村旅游创意开发要注重旅游体验的整体包装。整体性是产品开发的基本规范。具有可游憩性的乡村旅游产品不一定就具有较高市场吸引力。因为市场需要的是整体产品，即包括核心产品、辅助产品和附加产品等。乡村旅游市场竞争不再是某单一游憩产品的竞争，而是整体游憩产品组合的竞争。因此，需要根据游客旅游体验过程对空间上相对分散的游憩产品进行整体包装，从整体视角和全局高度去美化旅游体验的关键要素和全过程。具体而言，就是要从游客体验出发，科学地将核心产品、辅助产品和附加产品等融入旅游体验过程中，并对旅游流程、功能分区、工程设施、员工形象、乡村风貌等影响顾客旅游体验的要素在全过程进行精心设计和包装。

### （六）组合连贯旅游活动

不少乡村旅游地因受季节性弱势影响往往旅游时间太短，无法实现四季可游。这充分说明乡村旅游产品开发务必要突出连贯性，实现每个季节都有相应吸引游客的旅游产品。乡村旅游创意开发的第六步就是要组合连贯旅游活动，即设计出一年四季具有连贯性、不间断的旅游活动或旅游线路。具体而言，包括纵向和横向连贯。纵向方面，要深度挖掘农业资源，在种植、农作物观赏、采摘、深加工体验游、文化熏陶等方面进行连贯性开发；横向方面，一是要组合开发或整合其他园区多种乡村旅游项目，对采摘、观赏、休闲、度假和特色主题活动等旅游产品进行组合性开发。二是要充分融合其他人文、自然景区或创造性融入会展、文体活动、会议研讨等其他活动进行多样性开发，从而实现园区旅游活动一年四季不断线。

上述六个步骤是产品开发的思维过程和一般程序，也是按照一定逻辑顺序或思路而进行的。这种顺序就是从宏观到中观再到微观的思维过程。第一步是宏观层面的产品开发，第二步、第三步属于中观层面的产品开发，第四步、第五步、第六步都是微观层面的产品开发。

### 二、乡村旅游创意开发途径

绿水青山就是金山银山，我们要建设的乡村是生态文明的乡村，是美丽乡村，决不能以牺牲生态环境为代价换取一时的经济发展。对原生态乡村风貌的保护，是发展乡村旅游的必要条件。乡村旅游创意开发必须走与生态旅游相结合的道路，只有充分尊重和保护乡村良好的生态环境，乡村才更有乡村味，才能真正实现美乡、致富、脱贫的乡村旅游发展目的，走生态为本、文化为魂、体验为径、聚焦"三农"、价值创造的乡村旅游创意开发之路。

**（一）以文化创意为主线，解决乡村旅游产品同质化问题**

文化既是创意旅游的灵魂，也是创意的对象。创意中的文化内涵越深厚，文化创意的独特性就越强烈，对消费者就越有吸引力。因为直观的视觉冲击给游客留下的印象往往是短暂的，但文化的影响却是无形的，会长久地留在游客的心底。乡村各种民俗文化、饮食文化、建筑文化、服饰文化等，以及众多的非物质文化遗产为乡村创意旅游的发展奠定了良好的基础，各地区应结合当地的本土文化特色，从科学、文学、史学、艺术等方面深度挖掘，在保证乡村文化原真性的基础上，赋予有形的、无形的乡村资源新的文化性及强大的生命力，解决乡村旅游产品同质化问题。

**（二）以创新为动力，强化乡村旅游产品的价值功能**

创新是一个民族进步的灵魂，是一个国家兴旺发达的不竭动力。在全球经济进入以知识为核心竞争力的时代背景下，科技创新和文化创意正成为现代经济增长的双引擎。因为缺乏创意，中国传统的观光旅游、入境旅游、乡村旅游以及景区门票经济等逐渐出现发展瓶颈。根据旅游产品及旅游地生命周期理论，乡村旅游发展急需创新发展模式及产品，围绕乡村旅游资源和旅游产品，引入新的元素（文化、休闲、体验等），通过创意、创新等手法，增强吸引力延长旅游目的地的生命周期。通过旅游资源的创意开发、旅游产品的创意设计、旅游创意营销、创意服务等形式增强原有产品的价值功能，将乡村资源变"废"为宝，实现乡村旅游产品价值最大化。

**（三）以融合为手段，拓展新的市场空间**

传统旅游业"靠山吃山，靠水吃水"的发展方式，造成旅游资源的破坏、污染和浪费。纯粹的自然景观也已经不能满足游客的旅游"食欲"，游客感兴趣的更多的是旅游目的地所具有的新、奇、特的事物、创意、技术等。近年来，产业融合成为旅游经济增长的新动力，乡村创意旅游要解决这一难题就需要充分发挥旅游产业的带动作用，在资源整合基础上，实现"跨界"合作，只有不断与第一产业、二产业、第三产业融合创新发展，才能刺激潜在客户需求，拓展新的市场空间。

### （四）以技术为支撑，提升乡村旅游产品科技水平

创意旅游是新能源、新技术不断涌现、不断改进的产物。虚拟技术、互联网、物联网等现代技术的快速发展，影响人们娱乐方式的同时，也为旅游活动开发、营销和消费提供了更广阔的空间，不断引领着旅游业和社会的发展。在创意化、信息化的时代背景下，乡村创意旅游必然离不开技术创新及支持，因为高科技为激活文化创意资源、发展创意旅游提供了强大的、多方位的技术支持与条件，有利于创意旅游的发展。在技术的支持下，游客既享受都市的便捷，又能体验更为逼真的田园生活，更好地实现都市人的田园梦想。

### （五）以人才为保障，驱动乡村旅游创意新发展

现阶段，旅游卖的不再是资源而是创意。创意人才作为创意旅游生产力的基本要素、旅游创意经营活动的重要资源、旅游创意产业的核心竞争力载体，在创意旅游中发挥着重要作用。乡村旅游创意与大众乡村旅游产品相比，原创性是其最大的特点。乡村创意旅游消费者虽然在创意旅游的发展中扮演着部分生产者的角色，但这是远远不够的。乡村地区经济发展落后，所以，乡村创意旅游发展更需要专门的创意开发人才为乡村创意旅游发展贡献力量，推动乡村创意旅游发展。

# 第四节 乡村旅游创意开发方法与技术

## 一、乡村旅游创意开发的基本方法

乡村旅游创意开发的具体方法有多种，因为乡村旅游作为一种综合性消费活动涉及面广，内容丰富，任何方面的创意或创意组合都可以形成诸多的创意形态，结合前面提到的创意开发内容以及创意实践探索，大体上可以归纳出以下创意开发方法。

### （一）景观提升法

通过一系列的创意设计使乡村的田园景观得到美的提升，形成足以引起人们审美情趣、愉悦人们审美心理、满足人们审美需求的景观。大体上可以通过以下方法提升景观审美价值，如村庄民宅卫生化、庭院布置园林化、果木栽培景观化、蔬菜种植公园化、池塘水系湿地化、田埂交通廊架化、林地采光通透化、民宅改造民俗化、绿色廊道地方化等。

### （二）活动衍生法

围绕乡村生产生活可以开发出诸多的具有观赏性、互动性、文化性、趣味性和科普性的体验活动，这些活动既要体现农耕文化和乡土性内涵，又要满足现代科技进步和消费时尚的需要，因此要通过跨界融合衍生出系列产品，如围绕农耕文化的活动就可以包括体验农业工具的演变（水车体验）、农业物种变迁认知（太空育种栽培介绍）、神话故事传说讲解（大禹治水）、乡土艺术创作观赏体验（民间剪纸、农民画）、民俗谚语学习（二十四节气歌学唱）、乡村农事活动（插秧、采果）、丰收成就分享（农业嘉年华）、现代农业技术推广（有机农业、设施农业认知体验）等。

### （三）项目扩充法

乡村旅游创意开发要充分利用所在地资源，摒弃粗放式经营理念，走集约化、环保化发展的道路，一个项目功能叠加另一个功能也可以产生意想不到的视觉效果。形成循环农业和富有震撼力的视觉体验如民宅墙面画画习俗良好的摄影场景、麦田迷宫建设营造生产地也是娱乐地的感觉等，都是在原有项目上进行扩充的做法，也有助于形成新的体验环境。

**（四）复合归纳法**

乡村旅游创意开发中要善于将历史文化的、产业生产的、生活民俗的、商务节庆的、学习教育的、经营管理的、优质服务的、渠道构建的、艺术再造的等方面内容进行归纳整理再组合，形成创意的项目与产品。

**（五）主题定位法**

乡村旅游创意开发中最好能够围绕主题进行资源的创意组合开发，这样不仅能够实现品牌形象的专一性和独特性，而且便于集中优势资源做深游客体验内容，使游客产生难忘的深刻印象。

**二、乡村旅游创意开发的具体方法**

乡村旅游创意开发的核心就是乡村旅游产品创意开发。乡村旅游产品创意开发的有效方法很多，这里所谓的有效方法是指打造的乡村旅游产品能够满足旅游者的审美需求的手段，这是判断能否成为乡村旅游创意开发方法的标准。通过调研、比较分析得出如下 15 种实用有效的方法。

**（一）陈列法**

原理：陈列法就是把旅游产品以一定组合的方式展示出来，达到使旅游者认知的目的，同时给旅游者美的感受。

步骤：一是整体展馆的平衡设计。二是旅游线路的闭合设计。三是旅游产品的摆放设计（可以按照时间序列，颜色深浅序列，价值序列，尺码大小序列，疏密序列等）。四是灯光凸显主题设计。五是装饰物的摆放设计。

注意事项：旅游产品陈列时一定要注意，通过灯光调节和尺寸大小的缩放达到以下效果，8 米之外让旅游者看清旅游产品的大致形状，5 米左右让旅游者看清旅游产品的结构，2 米之内让旅游者看清旅游产品的细微之处及其文字说明。

在乡村旅游创意开发的历程中，陈列法是最常见的方法，把对旅游者有吸引力的事物，通过分门别类地摆放在展览架（台）上，供游客观看、欣赏，以达到满足旅游者消费的目的，这种旅游产品开发方式是最传统的最直接的开发方式，河北省辛集市的农具展览馆就是用陈列法打造的乡村旅游参观点。

### （二）图片法

原理：通过影像（图画）展示的方式对旅游者有很好的吸引力。因无法转移、不能复制、时间逝去、气候差异等原因，旅游目的地不能够获取的旅游产品，或者有些复杂的原理不好表达，可以通过图片进行直观示意。

步骤：一是旅游产品实物拍摄或者写真。二是图片的大小、色彩、光亮度、对比度、清晰度等技术处理。三是图片展览空间的整体布局。四是旅游路线的设计。五是展览空间灯光、装饰物的设计。

注意事项：一是图片的角度选择要便于旅游者理解，同时赋予景色不同的视觉感受。二是图片的大小和摆放方式切忌平铺式，一定要富有变化。三是图片展示法一定要具有知识性和趣味性，不能单调、乏味。四是可以配合声、光、电技术共同营造整体效果。

### （三）演出法

原理：游客对具有地方特色的农事祭拜、农俗礼仪等特别钟爱，但是这些活动只有在特定的日子才会有，为了满足旅游者的需求，目的地可以以演出的方式定时向游客演示，这种旅游产品开发方式特别适合对农俗旅游资源的开发。

步骤：一是深挖当地农俗文化，找出精华，突出特色。二是把农俗中具有可观赏性的片段编排成演出内容。三是挑选合适的演员。四是舞台场景设计。五是安排合适的时间段演出，便于旅游者观看。

注意事项：第一，内容忠于农俗现实。第二，演出形式要多样化。第三，舞台最好就地取材。第四，最好有与旅游者的互动环节。

### （四）造像法

原理：不能以实物展示的旅游产品可以用雕塑法、泥塑法、蜡像法达到展示效果，这种方法叫"造像法"，这种方法比图片展示更加立体、直观、更具有震撼力（感染力），它能够多维度展示旅游吸引物，给旅游者更多的遐想空间，如一个大禹治水的雕像比一个大禹治水的图像更具有震撼力。下面简要介绍泥塑、金属雕塑、石头雕塑和木雕的常规步骤。

泥塑的步骤：为特殊胶泥备料喷水，醒泥48小时以上→上大泥覆盖雕塑造型→塑形→大型完成→进入翻制→脱模后去掉分块模具上的残留泥→上玻璃钢→拼合玻璃钢分体模块进行组合→上底色，上彩绘。

金属雕塑的步骤：选择合适的黄铜板和紫铜板进行锻造→淬火处理→加热松香和滑石粉调成合适比例，浇注成锻造的工作面→进行手工锻造→制作玻璃钢浮雕→手工对位锻造→氩弧焊接接缝处理打磨。

石头雕塑的步骤：制作设计稿→选择合适的石材→初加工雕刻→雕刻放样→雕刻→打磨→雕塑质量检查→雕塑安装。

木雕的步骤：选择红木、金木、黄杨木、龙眼木、银杏木、樟木等材料→依据木头的自然形态和特点进行设计→画出构图→打粗坯→凿子雕刻→上色。

注意事项：第一，注意每个角度的整体效果。第二，分析形体结构是否准确，局部与整体是否和谐统一。第三，如果出现裂缝，要及时修补。

### （五）做大法

原理：做大法在乡村旅游产品打造中包括单体做大和总体做大两种，单体做大是指把一个单体的乡村旅游资源做大，如最大的榕树、豫章树等，单体旅游产品打造后非常具有吸引力；有些乡村旅游资源单体不可能做大，如油菜花，但是总量做大就具有旅游吸引力，像云南罗平的油菜花、江西婺源的油菜花，多达几千亩。

步骤：乡村旅游中单体做大一般依靠自然生长和人工辅助两种方式，人工参与的因素主要体现在保护方面。总量做大的步骤：一是选择适宜的农业种植空间。二是选择合适的农作物。三是周边环境的设计与之和谐一致。

注意事项：第一，选择的农作物对旅游者要有足够的吸引力。第二，观赏期不能太短。第三，要注意整体效果的营造。第四，防止大面积暴发病虫害。第五，注意与其他物种的季节性轮作，防止植物单一带来的危害。

**（六）做奇法**

原理：有些农业旅游资源非常普通、常见，对旅游者的吸引力不大，但是通过一定的手段做奇，吸引力就会大增，如普通的圆西瓜培育成立方体西瓜、棱锥形西瓜、圆柱体西瓜、"十二生肖"西瓜就能吸引旅游者。

步骤：一是选择品种。二是种子处理。三是配土育苗。四是整地、施肥。五是定植幼苗。六是追肥、整枝。七是制作设定的模具。八是建立个体档案。九是采摘果实。

注意事项：第一，注意要选择抗病性强、大果型、厚皮稀植的优良品种。第二，模具要做到透光、透气、透水、耐胀。第三，人工操作期间尽量减少对果实的触摸。第四，装模后的果实 3 ~ 5 天翻转一次。

**（七）做全法**

原理：把相同种类不同品种的乡村旅游资源放在一起，对比性展示种植，从而达到增加乡村旅游资源吸引力的目的，如豆类作物，可以对比性展示种植黄豆、黑豆、豌豆、绿豆、小豆、蚕豆、菜豆、小扁豆、蔓豆、鹰嘴豆等，在旅游过程中增加科普教育功能，加大对游客的吸引力。

步骤：一是选择合适的地域。二是依据地域状况精选合适的种类。三是不同品种之间的合理布局规划。四是播种／育苗。五是田间管理，景观营造。

注意事项：第一，同一种类品种需要比较丰富。第二，选择的种类一定要有可观赏性。第三，不同品种的外观差异较大，能够给旅游者不同的视觉享受。第四，在施肥、灌溉等方面进行科学调控，尽量延长观赏期。

## （八）做新法

原理：人们对新东西总是好奇与向往的，做新法就是在乡村旅游资源开发中，把最新的、罕见的农业新成果作为旅游产品展示给旅游者，如无土栽培、分子农业、精准农业、工厂化农业、空中结薯、矮化盆景苹果等高新农业试验区的新产品展示。

步骤：一是选择成熟的农业高新技术。二是申报理想的可利用土地。三是合理规划土地空间。四是高新农业设备的安装。五是旅游廊道的设计。六是试运行检验。七是改进后的正常运行。

注意事项：①依托科研单位，持续提供农业高新技术支持。②选择观赏性强的项目开发。③旅游的同时可以起到示范的作用。④要有稳定的资金投入，确保高新技术的不断创新。

## （九）"作古法"

原理：利用人们追思先人、怀古思旧的情感，在乡村旅游资源开发中，把古代的耕作方式、作物品种、耕作工具、耕作习俗、耕作情形等通过一定的方法展示给当今的旅游者，满足旅游者"思旧"的消费心理需求。

步骤：一是收集古代农业生产的文字资料、图片资料等。二是结合当地农业实情构建古代农业生产的场景。三是选择合适的空间进行设计规划。四是作物品种、耕作方式、劳动场景、生产工具的使用。五是古代农业生产方式的再现。六是周围农舍等的重现。

注意事项：第一，"作古"要有理有据，尊重历史本真。第二，要和现在的农业生产方式有较大差异。第三，尽可能远离周边现代化建筑、生活环境。第四，旅游产品设计尽量体现参与性的特点。

## （十）观光法

原理：利用景观生态学的方法，把农业旅游资源通过间种、套种等手段使农业的斑块景观与廊道景观合理配置，使之更具有观赏性，如使农业旅游资源的季相呈现艺术性（心形、八卦形、寿字形等）和可观赏性，还有"四方"（南瓜、西瓜、北瓜、冬瓜）、"五味"（鱼腥草、甜瓜、苦瓜、香瓜、辣椒）、"六型"（丝瓜、南瓜、砍瓜、苦瓜、瓢瓜、蛇瓜）、"七色"（橙色辣椒、红梗叶甜菜、黄色番茄、青色苤蓝、绿茄子、紫色紫苏、白梗叶甜菜）。

步骤：一是确定规划目标。二是划定功能区域。三是设计相邻功能区域的叠加和综合。四是空间变化节点的设计。五是游憩空间规划。六是植物景观配置规划。

注意事项：第一，观光法设计旅游产品一定要因地制宜，不能生搬硬套。第二，要和周围的自然景观协调一致，不能成为生物孤岛。第三，景观的设计要融入当地文化，做到自然人文相结合。

### （十一）采摘收获法

原理：收获的喜悦是非常吸引游客的，采摘收获法就是让旅游者参与到农业收获的过程中，分享成功、收获喜悦，在乡村旅游资源开发中经常用到这种方式，如采摘果实等。

步骤：一是科学设定旅游者采摘的最佳时机。二是严格划定采摘区和禁采区。三是设计旅游者采摘的路线。四是采摘全过程的有序管理与指导。五是采摘后的产品处理。

注意事项：第一，要普及采摘的科学方法，防止采摘对植株的破坏。第二，控制旅游者的量，确保生态不被破坏。第三，调控好阴雨天与晴天的旅游者数量，预防践踏造成土壤的板结。第四，采摘区和禁采区的轮换时间的确定。第五，采摘的种类、品种要多样化。

### （十二）参与体验法

原理：现在的旅游者不再只局限于做浅层次的看客，更多情况下旅游者希望能够更深层次地参与其中，做一回"演员"、做一周"农民"、当一天"牧民"、当一回"工匠"，吃农家饭、干农家活、住农家院，让旅游者能够身临其境，亲身体验，这种乡村旅游资源开发方式越来越受到旅游者的欢迎。

步骤：一是确定体验主题，明确体验目标。二是合理编排体验项目。三是控制体验时间，防止游客过度劳累。四是植入体验文化，树立品牌形象。五是感性营销劳动产品。

注意事项：第一，要体验本土特色。第二，注意劳逸结合，强调休闲服务功能，创造顾客价值。第三，与体验旅游相配套的附属旅游设施要齐全。第四，确保体验旅游的服务品质。

### （十三）特色定位法

原理：很多乡村旅游资源无法做到"最大"，可以考虑做到"最小""最艳""最红""最香""最悦耳""最神奇""最早"等，把特色凸显出来，通过这种方式同样可以达到吸引旅游者的目的，是乡村生产过程旅游资源化常用的一种开发方法。

步骤：一是找准角度，挖掘特色。二是依托特定农作物，凸显特色。三是借助当地自然条件，做亮特色。四是依靠营销渠道，宣传特色。

注意事项：第一，选准角度突出特色是魂。第二，因地制宜，从当地的自然环境出发是根。第三，依托科学技术，把特色擦亮。

### （十四）竞赛法

原理：在体验农业旅游产品过程中，为了提高旅游者的兴致和积极性，可以把旅客分成若干小组，以小组为单位展开比赛，把旅游过程加入竞赛的元素，打破旅游过程的单调与乏味感，提升旅游者对旅游产品的满意度。

步骤：一是竞赛项目的确立。二是竞赛规则的制定。三是竞赛条件，工具等的准备。四是竞赛过程的监控与保障措施。五是竞赛结果的公布与激励。

注意事项：第一，竞赛以激发旅游兴致为主，对抗性不能太强。第二，竞赛以集体参与为主，强调娱乐性。第三，竞赛要做到公平，不能因此产生矛盾。

（十五）隔离 / 吸收法

原理：在乡村旅游产品设计时，用符合视觉美学的东西去阻隔视线，达到美化、净化的效果。

步骤：一是确定污染源或煞风景的景观的位置、体量、性质等。二是寻找对应的相克物。三是用美学的视角设计布置相克物，使之以美的形象展示出来。

注意事项：第一，相克物的寻找一定要科学合理。第二，净化的效果要随时监测。第三，相克物的设计要与周边的环境相协调。

## 三、乡村旅游创意开发的技术

### （一）塑形技术

技术原理：农业旅游产品设计中的塑形技术就是改变农产品的原有形状，使之按照人们的意愿生长成新的形状。果实由小长大是由于细胞数目增多和细胞体积增大，其中细胞数目增多是由细胞分裂完成的，果实在生长时很容易受外界环境的影响，给果实一定的限制，细胞的空间分布就按照人们设计的空间范围生长。

技术规程：一是选择合适的品种。二是找准最佳的坐果期时机。三是正确安装模具。四是适时调整模具。五是及时取下模具。六是采摘果实。

技术要领：第一，模具要求透明、透气、透水。第二，模具可以按照人们的意愿育出理想的果实形状，如方形、心形、人形等。第三，模具需要调整向阳的角度，保证果实充分得到阳光照射。

### （二）变性技术

技术原理：乡村旅游产品设计中变性技术就是改变生物原有的特性，改变后的生物更有利于人们的食用或观赏等。果实是由子房发育来的，子房发育成为果实的过程中，需要一定量生长素，生长素是由胚珠发育形成的幼嫩种子提供的。无籽西瓜就是根据染色体变异原理培育的，无籽西瓜发育时仍然需要生长素，没有种子，生长素在植物体内部的合成部位是叶原基、嫩叶及其发育的种子，这些部位存在与生长素合成有关的酶系，在多种酶催化作用下，植物体内的色氨酸通过氨基转换、脱羧作用及两个氧化步骤，最终变成生长素。在二倍体西瓜花粉中，含有少量生长素，也含有使色氨酸转变为生长素的酶系，二倍体花粉萌发之际，形成的花粉管伸入三倍体植株子房内，将自身合成生长素的酶体系转移其中，在子房内合成大量的生长素，促使子房发育为无籽果实。无籽西瓜是用种子种出来的，然而这个种子不是无籽西瓜里的种子，而是自然二倍体西瓜与经过诱变产生的四倍体杂交后形成的三倍体西瓜里的种子，由于是三倍体，因此它本身是没有繁殖能力的，所以没有籽。如无籽番茄、无籽西瓜和无籽香蕉等。

技术规程：以无籽西瓜为例，一般的西瓜为二倍体植物，体内有两组染色体（2N = 22），幼苗用秋水仙素处理，使二倍体西瓜植株细胞染色体变为四倍体（4N = 44），四倍体西瓜可以正常开花结果，种子可以正常萌发成长，再用四倍体西瓜植株作为母本（开花时去雄）、二倍体西瓜植株作为父本（取其花粉授四倍体雌蕊上）进行杂交，这样四倍体西瓜的植株上就可以结出三倍体的植株，当开花时，其雌蕊一定要用正常二倍体西瓜的花粉授粉，以便刺激其子房发育成果实。因为胚珠不能发育为种子，而果实则可以正常发育，无籽西瓜就培育成功。

技术要领：一是瓜地应选择地势较高、光照充足、排灌方便、土壤肥沃的沙壤土为宜。二是营养土要求肥沃、通透性良好、营养成分齐全、无菌、无虫、无草籽。三是适时播种。四是做好温度与湿度管理。五是定植后，覆盖好地膜。六是肥水管理以前促、中控、后促为原则。七是主蔓长至70厘米左右时，应及时整枝压蔓。八是在早晨雌花充分开放时需采用人工辅助授粉。九是高节位留瓜抓优果。十是肥水齐攻促膨果。

**（三）变色技术**

技术原理：乡村旅游产品设计中的变色技术是指通过生物技术改变生物局部区域的颜色，使之呈现需要的画面或形状。果实里含有花青素，当阳光照射果实时，花青素就会大量增多，照射不到的地方，花青素就相对较少，呈现出不同的颜色，由于照射强度不同，花青素不同，便出现颜色不同的现象。

技术规程：利用这个原理可以让生物身上长出设计好的字或图案。在这些果实没有成熟时，把字或图案贴到果实上，有字或图案的地方照不到阳光，颜色浅，其余的地方可以照到阳光的，颜色就会变红变深，这样字或图案就会显现出来。

技术要领：一是要选择易着色的品种，如红富士、红星等。二是选择树冠外围的果实，并摘除遮光的叶片。三是选择的剪纸应不怕雨淋、日晒的蜡纸。四是剪纸要贴在阳面的两侧，不可正向阳面，容易产生日灼现象。五是剪纸要贴平压实。六是及时摘除果柄上的叶子，防止遮挡阳光。

### （四）同效替代技术

技术原理：在乡村旅游产品设计中利用生物能代替人工能源，在效果上同效，在形式上创新，如利用萤火虫等生物光能代替旅游景区的电能照明。生物光来源于生物的皮肤而发生了变异或特化的腺细胞，腺细胞能分泌荧光素与荧光素酶，如发光细胞同时含有荧光素与荧光素酶，则发光就可以在细胞内部进行，称为"细胞内发光"；如发光细胞只含有荧光素或者荧光素酶，只有含荧光素和荧光素酶的不同发光细胞的分泌物相遇时才能发光，称为"细胞外发光"。细胞内发光的生物种类有低等无脊椎动物、单细胞动物、细菌、萤火虫和一些鱼类；细胞外发光的生物种类有介形类、水母、高等无脊椎动物和一些鱼类。萤火虫照明在旅游景区的运用最为常见。

技术规程：一是选定适合萤火虫生活的环境（温度、湿度、风力、植物等）。二是移植足够数量的虫卵在选定空间孵化。三是选定的空间要放置萤火虫喜欢吃的花粉、花蜜、蜗牛等。四是萤火虫的交配期也是它的发光期，更是旅游者的观赏期。

技术要领：一是不同品种的萤火虫对温度、湿度、风力的适应度不一样，需要区别对待。二是喂养萤火虫的饵料要新鲜。三是控制观赏期的游客数量，游客过多，会影响萤火虫的繁殖。

### （五）时光隧道技术

技术原理：农业生产过程旅游资源化包括现代农业、传统农业和原始农业生产过程的旅游资源化，从农业生产的角度看，现代农业生产一般具有快速便捷的特点，传统农业和原始农业费时耗力，但是从旅游体验的角度考虑，现代农业旅游者的体验感、相对不强，原始农业和传统农业的体验感强且有忆苦思甜的教育意义，打破时间界限，在现代社会营造原始农业和传统农业的场景，让游客进行体验，我们把这种技术叫作时"光隧道技术"，时光隧道技术可以让旅游者从现代穿越时光虫洞到古代，打造"时光倒流"的神奇效果。

技术规程：一是选定历史时间段。二是找出该段历史时期有特色的人、农业生产工具、农业场景、生产特点等。三是仿真打造历史农业情景。四是体验古人耕作的感觉，造成时空穿越的效果。

技术要领：一是选区的历史时间段与当今的农业生产情况差异要大。二是要深挖农业历史的特点。三是在营造的时空范围内不能出现与现代穿帮的事物。四是进出该景区要造出一个神秘通道，强化时空的"穿越"感觉。

### （六）台前幕后技术

技术原理：在乡村旅游产品创意设计时，把一些柜台上展销的旅游商品和它幕后的生产过程结合起来，在生产过程中增加游客的参与性和旅游商品的科普性，激发游客的购买欲望，达到不但知其然，而且知其所以然的效果，把生产过程打造成可以参观、体验的旅游产品，把生产成果打造成可以购买的旅游商品，两者组合成一个整体旅游产品，增加了旅游产品的吸引力，满足了游客的求知欲，这类旅游产品比较成熟的有：葡萄园农庄集合了葡萄园的景色参观，葡萄酒的制作体验，葡萄酒的购买等；桑蚕农庄集合了桑园的景观欣赏，桑叶采摘体验，养蚕过程参观体验，蚕的生长过程，蚕丝的提取加工过程，丝绸的加工过程，丝绸旅游商品制作过程等。

技术规程：一是选定合适的农业产品（产品本身很实用，但生产过程不为人所知）。二是选定最佳地理位置。三是划分农业产品生产的环节。四是生产线和观光线并行设计，便于参观和体验参与。五是生产和销售无缝对接。

技术要领：一是生产周期短。二是生产过程具有技术性和神秘性。三是生产环节具有通俗易懂性。四是生产出来的旅游商品具有实用性。

### （七）同根共生技术

技术原理：农业旅游产品为达到创新的效果，采用农业科学技术把两种或两种以上的植物嫁接在一棵植株上，达到同根共生的效果，嫁接属于植物的人工营养繁殖方法，把一种植物的枝或者芽，嫁接到另一种植物的茎或根上，嫁接一起的两个部分成长为完整的植株。

技术规程：嫁接的方式有枝接与芽接两种，嫁接的时候必须使接穗和砧木紧密贴合，以便接穗成活，接上去的枝或者芽叫"接穗"，被嫁接的植物体叫"砧木"或者"台木"，接穗时应该选具2～4个芽的苗，嫁接后成长为植物体上部或者顶部，砧木嫁接之后就成为植物体的根系部分，嫁接又可以分为靠接法、劈接法、插接法等。

技术要领：一是接口要对整齐。二是削口要平滑。三是选择个性越相近的苗木嫁接成活率更高。四是枝接后3～4周检查是否成活，1个月后松绑。五是减去过多的枝椏，保证养分的供应。

### （八）全息技术

技术原理：全息技术是利用干涉原理记录物体光波信息，成为一张全息图，再利用衍射原理再次呈现物体光波信息，这样就得到原始像（或称"初始像"）和共轭像，再次呈现的图像立体感强，有真实的视觉效果，全息图（无论初始像或共轴像）的每一部分都完整记录了物体上各点的光信息，所以它的每一部分都能够再现原物的整个图像。

技术规程：运用全息原理建造一个农业主题公园（共轭像），这个共轭像体现全世界这一类农业的全貌，如百果园齐聚了世界上所有的果类，让旅客一目了然，浏览全貌。

技术要领：一是选择农产品种类要丰富。二是不同品种之间的个体差异越大越好。三是不能共生的品种要留有距离。四是防止长时间不同品种之间的杂交，会导致差异不明显。

### （九）情景再现技术

技术原理：乡村旅游中的一些农俗、田神祭拜、山神祭拜、水神祭拜、谷神祭拜等资源，这些非物质的旅游资源往往受时节的限制、民俗的限制、当地禁忌的限制等，旅游者的参观不能做到时间上的规律化，不利于旅游产品的开发，这时可以利用舞台再现的技术，把农俗等搬上舞台，用表演的方法实现时间上的规律化。

技术规程：一是选择有吸引力的农俗进行开发。二是用演出的模式对农俗表演进行编排。三是营造好农俗表演的真实氛围。四是演出时间要与游客情况互相呼应。

技术要领：一是具有非物质性。二是具有时间性。三是与禁忌和祈福相关联。四是具有历史传承性。

### （十）环境治理技术

技术原理：无论是在农村还是在城市，污染是我们农业旅游产品的大忌，在农业生产过程旅游资源化中，如何规避、治理、预防污染，是必须要考虑的事情，可以把种植业打造成抗污旅游产品。

技术规程：一是确定污染物的种类、性质、体量大小。二是找出对应抗污的植物，设计多种备选方案。三是优选最佳方案实施。

技术要领：经过许多部门的多年研究与试验，不同的污染源，我们可以采取不同的植物来抗污（如表4-1所示）。

表 4-1 不同抗污染树木的不同功效一览表

| 序号 | 污染源类型 | 可以阻隔、吸收不同污染物的树木 |
|---|---|---|
| 1 | 含有硫、氯、氟三种污染物的污染源 | 橡胶榕、高山榕、细叶榕、大叶榕、菩提榕、蒲桃、大麻黄、火力楠、波罗蜜、罗汉松、龙柏、大叶黄物、夹竹桃、蚊母、海桐、桑树、构树等 |
| 2 | 含有硫和氟含有两种污染物的污染源 | 除第一类之外，还有扁桃、芒果、牛奶树、蝴蝶果、阴香、海南红豆、黄槿、米兰、假槟榔、落地生根、银桦、合欢、瓶子花、女贞、无花果等 |
| 3 | 含有氯和氟两种污染物的污染源 | 除第一类之外，还有石栗、蒲葵、葱兰等 |
| 4 | 含有硫、氯两种污染物的污染源 | 除第一类之外，还有苦棟、竹柏、胡颓子等 |
| 5 | 含有二氧化硫污染物的污染源 | 除第一类、第二类、第四类之外，还有荷兰玉兰、人心果、盆架子、阿珍榄仁、海南蒲桃、华南朴、鹰爪、驳骨丹、红果仔、五彩铁、红背桂、桧柏、棕榈、扁柏、香樟、粗框、枇杷、苏铁、构骨、物梅、刺槐、白杨、臭椿等 |
| 6 | 含有氯化氢的污染源 | 除第一类、第三类之外，还有苦梓、肉桂、桂花、番石榴、樟叶槭、泡桐、瓜子黄杨等 |
| 7 | 含有氟化氢的污染源 | 黄皮、侧柏、白兰、大叶桃花心木、香棒、黄梁木、大王椰子、石榴、母生、黄连木等 |

**（十一）康体健身技术**

技术原理：营造特殊的农业生产场景，利用医学科技达到康体健身、治疗疾病的效果，康体养生就是放松、休养、调理、养护自己的生命，在优美的环境下，先让身体达到修养，再进一步让心灵达到修养，养生的目的就是使身体健康，使心灵净化。

技术规程：这类旅游产品可以分为两大类：一类是以康体为目的的康体旅游产品，如森林旅游度假区（给旅游者提供休养身心、休闲度假的优美去处），森林养生氧吧（给旅游者提供调节身心、改变亚健康状态的场所）等；另一类是以治病为目的的医疗旅游产品，比如粤北淡绿色小园林（整个院子用植物长苞铁杉、大王椰子、三药槟榔、董棕等营造成优雅的淡绿色园林，经过科学验证，人置身于绿色环境里，皮肤的温度能够降低 1℃ ~ 2.3℃，每分钟的脉搏可以减少 4 ~ 8 次，起到血压降低、呼吸减慢、心脏的负担减轻的医疗效果，同时，淡绿色适宜养肝护肝，肝是眼睛之母，这种旅游产品对眼疾也有良好的疗效），红色小园林（整个院子用黄栌、红乌桕、红桑、红叶李、杜英、红叶木、五彩铁树雄黄木等营造热烈的氛围，对于治疗性格孤僻、生活缺少热情、不善交际、自卑感强烈这一类心理疾病有很好的治疗效果），黄色小园林（整个园区用桂花、黄金树、佛肚竹、腊肠树、铁刀木、栾木、黄槐、龙爪槐、黄檗、盐霜柏等营造黄色和橙色的环境，对于治疗胃肠道疾病、食欲不振及其心生多疑等病症疗效明显），白色小园林（园区用白皮松、白千层、东风橘等营造卫生、整洁、明快的氛围，可以有助于肺部健康，对于吸烟成癖、支气管炎、咳嗽有较好的疗效），蓝色小园林（整个园区选用蓝松、蓝桉、珍珠相思、南洋楹、柽柳、大岩桐等营造冷静的蓝色氛围，有助于稳定情绪。对治疗心脑血管疾病尤为有效），黑色小园林（整个园区选用黑松、罗汉柏、龙血树、乌桕、橡胶榕、龙柏、桧柏、巴西铁、苏铁、南洋杉、黑仔树、乌墨等营造黑色氛围，这种环境有助于强身健体、通窍益智、延年益寿、颐养天年）。

技术要领：在森林中打造养生旅游产品一定要严格把握好以下 5 个方面：空气、水源、气候、饮食、环境必须达到优良的等级。

### （十二）景观营造技术

技术原理：农业的观赏价值重在以下三点，一是农业的"色"，一年四季呈现不同的颜色；二是农业的"型"；三是农业的"香"。在这三个方面营造农业景观，给旅游者提供视觉的享受。

技术规程：这个环节可以打造的旅游项目有生机盎然的春季森林游（产品打造时凸显春天的万物复苏、生命伊始的主题），枝叶茂盛的夏日森林游（产品打造时凸显在炎炎夏日中森林的避暑主题），万山红遍的秋季森林游（产品打造时凸显秋天森林颜色的浓烈和斑驳的主题），林海雪原的冬季森林游（产品打造时凸显冰清玉洁与挑战严寒的主题），春天梨园梨花游（看梨花的形、闻梨花的香、赏梨花的景），冬天梅园梅花游（看梅花的形、闻梅花的香、赏梅花的傲寒）。不同季节开花的树木整理（如表 4-2 所示）。

表 4-2　不同季节开花的植物

| 季节 | 开花的树种 |
|---|---|
| 春季 | 杜仲、樱桃、白榆、柳树、胡杨、柯松、银柳、杞柳、月桂、山胡椒、杜鹃、榆叶梅、杨梅 |
| 夏季 | 米兰、板栗、广玉兰、卫矛、桉树、太平花、高山杜鹃、山梅花、薜荔、金叶大花六道木、盐肤木、国槐、梓树、银杏 |
| 秋季 | 十大功劳、三角梅、胡枝子、金缕梅、栾树、胡颓子、榔榆、阔叶十大功劳、雪松、花楸木、石栋 |
| 冬季 | 火炬树、梅花、蜡梅、桃树、金缕梅、非洲芙蓉、朱樱花、枇杷、虎刺梅、水仙 |

技术要领：一是农业景观要和当地的环境相结合，做到因地制宜。二是要区别于其他自然景观，突出农业的特色。二是农业景观要考虑季相的变化，及时调整向旅游者开放的时间。

### （十三）化劳为怡技术

技术原理：农业生产过程旅游资源化，需要把劳动过程转化为旅游过程，劳动的过程是劳累的，旅游的过程是放松的、体验式的过程，这就需要把劳累的过程转化为旅游体验过程，需要用到多个方面的技术。

技术规程：一是使用合适的工具、器械减轻劳动强度。二是以不疲劳为前提，利用人体工程学计算出单项劳动人体的耐受力。三是劳动强度不同的单项农业旅游产品进行科学的交替组合技术，化劳为怡技术特别适合体验式旅游产品的打造。

技术要领：一是要考虑个体的差异，保证绝大部分旅游者能够完成。二是过程中需要提供一定的农业劳动技术支撑，让旅游者掌握一定的劳动技巧。三是需要设计不同劳动强度的旅游产品满足不同人群需求。

### （十四）田间种画技术

技术原理：田间种画技术就是把颜色不同的各类作物种植在同一块田地之中使之构成一幅巨型画面。

技术规程：具体做法是选择不同颜色的植物进行育苗，然后在田地中插杆做标记，使之构成理想的画面。画面的题材可以丰富多样，有历史故事、流行影视剧、动漫等人物形象，题材每年都不同，涉及古今中外，内容要广泛。然后按照标记把不同颜色的植物种植到设计的区域之中，形成逼真的画面，在不同的生长时期，画面颜色效果也在随之变化。以水稻种植画为例，首先，在空田地上做标记；其次，插秧完成使画面轮廓隐约可见，生长一段时间轮廓逐渐清晰；最后，长成后取得规划的效果。

技术要领：稻田种植画技术经过长期的发展，人们掌握了不同水稻的特点，可以做出更加丰富的画面，田间种植画技术在发展地方旅游经济，增加旅游目的地吸引力方面有一定的效果。

## 第五节　智慧旅游对休闲乡村发展的影响

休闲产业是工业化社会发展到一定阶段的产物，并且发展到目前为止，休闲业已经成为不少发达国家或地区的支柱产业，在其社会经济的发展中发挥着重要推动力的作用。随着城乡统筹一体化和社会主义新农村建设步伐的加快，乡村经济不再只是以传统的农业来支撑乡村发展，休闲乡村的发展不仅有利于持续加大"强农、惠农、富农"政策力度，扎实推进农业现代化和新农村建设，而且全面深化农村改革，也是实现乡村振兴战略的一项重要举措。

## 一、休闲乡村的发展趋势

### （一）休闲乡村的发展概况

#### 1. 休闲乡村的内涵

乡村休闲是以农村为休闲目的地，以农业资源、乡村自然资源为依托的一种原生态的生活方式。休闲乡村是为满足乡村休闲活动而进行的休闲乡村化改造，其发展是以乡村旅游为基点，是在乡村旅游发展之上的一种休闲方式，但又不完全等同于旅游，休闲乡村具有很强的衍生品及产业关联度，它可以将乡村的风土人情、民间文化、地方特色、自然景观、人文景观进行综合开发和利用，使得休闲消费者愿意用更多的时间停留一地，并细细品味及体验休闲乡村带来的放松和惬意，时间的停留将带来消费方式的改变，给乡村经济的发展提供契机。其表现形式主要为乡村旅游、休闲农业、特色商贸、农业文化、科技展示等。

#### 2. 休闲乡村旅游发展模式

从休闲乡村旅游的发展模式来看，有田园农业旅游模式、民俗风情旅游模式、农家乐旅游模式、村落乡镇旅游模式、休闲度假旅游模式、科普教育旅游模式、回归自然旅游模式等模式可供选择，而各种模式都有相应的特点。对于这些模式，需要依托乡村不同的自然禀赋、产业基础、历史文化、发展趋势来保持原貌地加以开发。

### （二）促进休闲乡村建设的作用

#### 1. 休闲乡村建设改善农村就业环境

发展休闲乡村，对解决农民就业、吸收农村剩余劳动力有巨大的促进作用。中国休闲乡村产业发展的实践经验表明，休闲乡村产业经营者除小部分外来投资者外，大多是由当地农民构成的，他们参与到投资、经营管理、休闲服务的方方面面。而在休闲乡村参与主体中，有一个主要群体是女性，休闲农业与乡村旅游的大力发展在相当大的程度上解决了农村女性就业难的问题,有助于解决农村就业结构失衡的问题。

**2. 休闲乡村建设优化农村产业结构**

发展休闲乡村产业有助于改善传统农业结构的一些弊端,休闲乡村产业是一个关联性、带动性很强的产业,所表现的是生产、生活与生态一体的农业,现代化的休闲乡村将农业发展与休闲乡村经济紧密结合,形成休闲农业与乡村旅游发展相结合的共同体,以现代农业观光、休闲旅游、体验农业、特色商贸、农业文化、科技展示等综合生产逐渐取代了传统的农业种植养殖,充分实现了第一产业向第二产业、第三产业的转变,使三大产业相互渗透、融合,延伸了农业产业链,优化了农村产业结构,转变了农业经济增长方式。

**3. 休闲乡村建设加快统筹城乡发展**

传统农业发展过程中,农副产品附加值低,经济效益不明显,与城市产业经济的发展存在一定的差距,各类资金、教育、医疗等资源仍大量集中于城市,农村与城市居民的收入水平与生活条件还存在较大差距。发展休闲乡村经济,一方面有利于农业转型升级,提高经济价值;另一方面也有利于就地吸收农村剩余劳动力,增加农民收入,缩小城乡差距。

**4. 休闲乡村建设促进新农村建设**

在发展休闲乡村的过程中,乡村农民的思想文化观念会逐渐发生变化,乡村会向更文明、更进步的方向发展,提高了农村文明程度。乡村旅游休闲有利于乡村生态环境的改善和保护。没有整洁的村容村貌,没有良好的生态环境,就没有新农村的新气象。发展乡村旅游休闲可以提高农民保护生态环境的积极性,增强乡村保护生态环境的经济实力,实现人与自然和谐发展。休闲乡村是乡村经济发展的重要组成部分,具有发展潜力大、关联度高、带动力强、拉动内需等明显的特点。因此，我们要大力发展休闲乡村，实施"以休闲推农经"方略，促进社会主义新农村建设。

### （三）休闲乡村建设促进乡村旅游发展

1. 休闲乡村建设促进统筹规划

旅游是综合性产业，涉及文化、商贸、教育、金融等产业，也涉及旅游、交通、文化等部门，还涉及政府、企业、农民等不同主体，应当以全域化的理念和思维联动产业、联动要素、联动行业、联动部门、联动全民，综合性产业综合抓，以旅游规划全局引领，全域统筹；同时在顶层设计、体系建设、制度保证等方面齐抓共管，合力共兴休闲乡村经济，实现产业集群化、产业高度融合的休闲乡村产业大格局。

2. 休闲乡村建设推动空间联动

转变以往乡村旅游景区单打独斗的局面，改变乡村旅游以景区（点）为主要架构的旅游空间经济系统，构建起以景区、度假区、休闲区、旅游街区、旅游小镇、旅游示范县市等不同旅游功能区为架构的旅游目的地空间系统，推动乡村旅游空间域从景区为中心向旅游目的地为核心的转型。

3. 休闲乡村建设加速体验升级

乡村旅游不是单一发展的，不仅要有漂亮的绿水青山，而且要有各种玩的、吃的，也要有养生、文化、度假、名人等特色，才能吸引人、留住人，要从走马观花式的乡村旅游转变为沉浸式的乡村旅游：展示大美乡景，品味特色乡风，开展传统民居体验、新村风貌体验等；玩味休闲乡趣，结合纯朴的乡土风情、传统的农耕农艺开展农事活动休闲；体验时尚乡野，开展登山、露营、健走、滑雪等特色娱乐体验；感受幸福乡居，打造气候养生、温泉美食、生态康养、绿色理疗等产品；体会欢乐乡会，充分结合当地的节庆活动和传统节日，深挖内涵，时尚打造。

### 4.休闲乡村建设促进产业融合

以休闲农业与乡村旅游为核心，大力发展文化农业、休闲农业、创意农业、精致农业、科普农业、乡村文化产业、休闲渔业等新业态，打造盈利点、观赏点和突破点。推进农业本土化，打造地地道道的"乡村生活"，让乡村民俗文化、民族文化等融合、提炼、创新，创造提升农业文化的附加值，以产业发展延续乡村内核；推进特色农产品开发，标准化打造乡村商业土特产，充分利用智慧旅游公共服务平台和旅游电子商务平台，促进特色农产品订单式发展。同时，要联动商务会展业、健康养生业、文化创意产业、体育运动产业，全面实现旅游业的联动效应。

### 5.休闲乡村建设成就经典示范

特色村镇示范，遵循"一镇一特色、一村一主题"的原则，打造风情小镇、风情乡村；特色农业示范园，建设科技示范园和主题休闲农业园；特色星级农家、民宿示范，整合休闲农庄、散户等资源，打造非遗人家、陶艺人家、风情人家、海岛渔家、民歌人家、水果人家等；乡村旅游综合体示范，按照高端化、特色化、品质化的原则，打造集康体养生、乐享度假、文化体验、商务会展等于一体的品质乡村度假村；全天候产品示范，打造生态观光、农事文化、美食购物、文化演出、民间活动和夜间休闲等体验产品。

## 二、智慧旅游对休闲乡村的产业促进

### （一）智慧旅游推动休闲乡村建设

智慧旅游在一定程度上改善了乡村的基础环境、农村经济以及服务配套设施，提升了现代经营管理水平；科学地指挥景区工作人员及时疏通、分流游客，从而保护乡村旅游资源，保障乡村旅游的可持续、健康发展；提供完备的景点网络、交通、医疗卫生等基础公共设施，结合各乡村旅游景点的特色，整合乡村各项地理信息、人文资源信息，为乡村旅游提供专业智慧服务。

**1. 智慧旅游推动乡村信息化建设**

利用互联网技术整合各乡村地理信息资源、人文信息资源、民间艺术资源等，建立配套的智慧旅游基础服务系统，建立全国联网3D立体乡村旅游地图、乡村优秀导游检索信息软件、乡村旅游路线旅行社指南等，可以为智慧乡村旅游提供最前沿、最快捷的专业服务。同时，提供完善的景点交通、网络、医疗卫生、健身等公共基础设施，是建设智慧乡村、美丽乡村的重要条件。

**2. 智慧旅游推动乡村电子商务平台建设**

旅游商品是休闲乡村旅游产业的重要组成部分。旅游商品在线营销、乡村旅游电子商务采购、乡村旅游资讯等平台开始成为旅游业的发展主流，有效推动了乡村旅游电子商务平台的应用和发展。

**3. 智慧旅游促进高科技生态农业发展**

在国外，科技引领现代农业建设和乡村旅游发展较早也相对成熟，这为我国休闲乡村旅游的发展提供了借鉴和参考。最近几年，我国相继也建成了一批科技园区，这加速了我国现代农业的发展，也提高了农民收入。科技引领下集农业观光、教育、体验，以及展现农村风貌于一体的现代乡村旅游业，已成为我国智慧乡村旅游未来发展的新方向。在此基础上，科学规划乡村旅游发展，不盲目跟风，切合当地农村实际，放眼未来，规划蓝图。例如，海南省万宁市的兴隆热带植物园作为典型的农业科技观光案例，科技与乡村旅游的联合发展体现了科技助推乡村智慧旅游发展的模式。

**4. 智慧旅游推动乡村艺术走出去**

农村各地都有自己的民间艺术和民间艺人，发掘和推广乡村艺术也是打造乡村文化创意旅游的重要方式。如皮影、泥塑、紫砂、微雕、陶瓷、果核雕刻、刺绣、毛绒、布艺、木艺、文房四宝、书画、铜艺装饰品、漆器等工艺产品及工艺技艺，具有鲜明的地方特色，代表一个地区和民族的文化传承，具有乡村旅游的独特性。

在互联网旅游电子商务平台的推广宣传板块中的 3D 动画，实景展示了民俗文化演艺、民俗展览等，不仅丰富了乡土文化生活，让游客先在网上了解，然后到实地参观，再到参与制作，可加深其乡村旅游体验，创新传统艺术模式，也强化了乡村旅游的品牌形象。

### （二）智慧旅游加快休闲乡村产业升级

#### 1. 促进乡村旅游服务水平提高

智慧旅游公共服务平台可以实现第一时间将相关信息推送到游客手中，并可以实现线上的餐饮、交通、住宿预订和景点售票，以及线下实体消费。只要平台成熟，游客完全可以足不出户就完成旅游的前期准备工作和出游目的地的选择，从而产生较好的预期体验。对于经营者而言，可以借助"互联网＋"的发散性传播，有利于为经营者赢得接待时间，从而提高服务质量。

#### 2. 有助于乡村旅游规范化经营

休闲乡村旅游发展至今已经从最初单一的农家乐经营发展到目前的集休闲度假、餐饮美食、观光体验于一体的多元化经营发展格局。但是，休闲乡村旅游仍然存在经营者分散、相对缺乏规范服务和品牌意识等问题，同时容易陷入"打价格战"的恶性循环中，核心竞争力较弱。借助智慧服务平台，管理部门可以实现线上监管，有助于线上管理与线下规范操作相统一。

#### 3. 提升游客体验质量

O2O 模式是未来旅游业发展的全新商业模式，其重要特点是利用互联网优势，实现旅游的线上线下无缝对接，将闲置的乡村旅游资源进行分级、整合、规模化打造和管理，并实现旅游资源的在线展示和预订，同时借助平台影响力，通过 App 与游客进行在线互动。根据市场需求，不断开发和创新相应的乡村旅游智慧产品，如特色活动智能解说、智慧乡村住宿等，满足游客的个性化需求，增强游客的智慧化体验。并通过智能平台加大对乡村旅游景点服务的监督，通过网上评价或投诉，提高乡村旅游的服务质量。

### 三、农村电商加速休闲乡村的建设

近年来，我国农村电子商务快速发展，在推动农业产业转型升级、促进地方经济发展等方面发挥了重要作用。但是，基础设施落后、法律法规和标准化体系仍需完善、人才稀缺等突出问题亟待解决。

#### （一）农村电商与休闲乡村建设

近年来，在发展现代农业和扩大农村需求等各项政策的拉动下，农村电子商务获得长足发展，长期困扰农民的"买难、卖难"问题得到了较大程度的缓解，传统农业借助电子商务加快向现代农业转型升级，农村居民消费的多样性、便利性和安全性不断提升。

1. 农村电商开拓农产品销售渠道

在政府层面，相关部门通过产销对接会等形式积极搭建农产品电商平台，解决供需脱节问题。在市场层面，各地纷纷建立农产品电商交易网站，并依托村民互助小组与农业合作社等机构，广泛同农户建立合作联系，在线销售当地特色农产品。我国各类农产品电商交易网站给很多农村特色农产品打开了市场，壮大了地方经济，进而增加了农民收入。

2. 农村电商畅通消费品下乡渠道

近年来，由商务部确定的"电商进农村"综合示范试点省份大力建设"县级电商服务中心、乡镇电商服务站、村级电商服务点"三级农村电子商务公共服务网络，起到了很好的政策宣传和市场引导作用。在国家政策的扶持下，"下乡"已经成为众多电商企业新的业务增长点，在丰富农村消费品供给、提升农村居民生活质量方面发挥了积极作用。

### 3. 农村电商促进传统农业产销升级

很多地区开始利用农村电子商务平台整合各类农业资源，进行规模化、集约化、信息化的订单式农业生产，并通过网络平台拓展销售市场，形成产、供、销密切衔接的全产业链条，而在这个过程中，农民也逐步实现了从传统农民到农业产业工人的职业和身份的转变。这种产销模式的创新和不断成熟，也促进了传统农业的产销升级。

### 4. 农村电商推动休闲乡村基础建设

农村电商巨大的市场前景不仅吸引了无数的创业者，而且在全国各地也涌现出了数百家农村电商平台，同时一些电商巨头也纷纷进入农村电商市场，推动休闲乡村基础设施的建设。

### （二）农村电商发展面临的瓶颈

在看到成绩的同时，我们也要清醒地认识到，由于市场化培育相对还不太成熟，盲目投资、重复建设等问题相对严重，导致部分地区出现竞争无序、亏损经营现象，尤其是广大农村地区普遍存在的基础设施落后而导致物流成本居高不下的问题，在一定程度上制约了农村电子商务的健康持续发展。

### 1. 基础设施落后导致流通成本高

流通行业是国民经济发展的基础产业和先导产业，作为生产和消费的中间环节，承担着产品成为商品、商品实现价值和使用价值的双重功能。"经纪人—产地批发商—销地批发商—零售商—消费者"的五级流通结构，是目前我国农产品主要的流通模式，中间环节繁杂、农户和零售终端规模小，造成流通成本居高不下，市场化也难以深入推进。一是信息化建设滞后，存在网络覆盖面不全、信号相对较差、网速低等问题。二是物流基础设施不完善，很多农村缺乏农产品大型仓储、冷链等物流基础设施。在农产品进城方面，由于"小而散"的生产方式、农产品保质期短、生鲜品物流损耗大、包装成本高等原因，网销农产品综合物流成本较高。在消费品下乡方面，因农村人口居住较分散、配送量较少，导致单件商品物流成本较高。三是金融服务业发展落后。农村地区人口密度较低，银行等金融机构开设网点的经营成本高，导致农村地区金融服务水平相对落后。

2. 人才稀缺产业的发展缺乏后劲

发展农村电子商务离不开专业性人才，尤其是精通网络技术、线上营销、物流管理而且熟悉农业经济运行规律的复合型人才。同时，各地方对农村电子商务人才的培养、培训力度不够，也缺乏引导和激励互联网人才下乡创业的相关政策措施。以上这些因素共同导致农村电子商务人才相对匮乏，致使产业发展必然缺乏后劲。

**（三）农村电商与休闲乡村建设互动策略**

要进一步推进农村电子商务快速、持续、健康的发展，就必须充分发挥政府的主导作用，综合施策，多管齐下，加大对农村地区物流、信息、金融等基础设施建设的投入，推动人才培训及相关公共服务供给向农村延伸，建立健全法律法规和标准化规范体系，引导人才、资金、技术等要素向农村地区流动。

1. 加大相关基础设施建设，释放强劲活力

基础设施建设落后与不足是广大农村地区发展电子商务的最大短板和痛点，正在实施的"互联网＋流通"改革，有希望帮助农村地区补齐短板，实现跨越式发展。一是完善农村公路、电力、网络通信等基础设施建设，支持县域电子商务公共服务中心和乡村级电子商务服务站点的合理建设，完善县、乡、村三级物流配送机制。加快农村物流体系建设，创新和完善资金投入机制，充分运用财政扶持手段，通过 PPP 模式（政府和社会资本合作模式）、产业基金等市场化模式鼓励更

多民间资本投资，鼓励商贸、供销、邮政各方共享硬件设施和网络服务，加快农村物流体系网络建设。二是发展农村地区宽带网络，不断提升覆盖率，提高传输速率，加快农民的互联网知识普及，逐步缩小城乡差距。三是发展多元化的农村金融体系，形成以正规金融机构为基础、以农村合作金融为主导、以政府政策性金融为辅助、以民间信用为补充的多样并存、功能互补的农村金融服务体系，提升"造血"功能。发展多种形式的农村合作金融，采取更灵活的担保方式，解决农民贷款难问题。四是推动包装、冷链物流、仓储配送等基础设施建设，打造新型农产品供应链。整合物流信息与物流企业，特别是第三方物流企业，运用先进的信息、仓储、冷链等技术和综合交通运输体系建设、现代企业管理制度，建立以电子商务交易为中心的实时物流信息共享平台，培养高素质的物流配送人员，形成一整套科学、高效的物流支撑体系。

2. 完善法律法规和标准化体系，规范市场运行

针对目前存在的各种市场乱象，必须加强和完善法律法规和标准化方面的体制机制建设，充分发挥制度的引领、规范和保障作用。一是健全流通领域法规标准体系。建立交通设施建设、商品流通保障、流通秩序维护等制度，解决流通领域中涉及体制机制的深层次问题。二是全面梳理现行法律中与互联网在流通领域创新应用和管理不相适应的内容，加快修订和完善制度，推动线上线下规则统一。三是健全批发、零售、物流、生活服务、商业服务领域标准体系，完善适应目前电子商务发展要求的农产品生产、采摘、检验检疫、分拣、分级、包装、配送等标准体系的建设，完善农产品追溯体系的建设，规范市场主体行为，引导企业健康发展，努力营造依法建设农村电子商务发展的法治化营商环境。

3. 增加公共服务供给，提高保障能力

推动城镇公共服务向农村延伸，逐步实现城乡基本公共服务制度并轨、标准

统一。

一是财政出资建立县、乡、村多梯次的农村电子商务公共服务站点，为不具备网购条件的农村居民提供代购、代付、代收、代退换货等服务，帮助解决所遇到的资金、人才、物流、技术、市场信息、政策和法律咨询等方面的问题。

二是加大专业技能培训，使广大农民快速掌握互联网基本技能和市场经济规律，鼓励电商之间加强沟通和交流，交换信息和经验；引导农村电商从业者到江苏、浙江等电子商务发达省份学习先进理念和经营经验；积极营造宽松的创业环境，鼓励外出打工者和大学生返乡参与农村电商创业。

三是鼓励和支持有实力的电商企业参与到公共服务中心的运营中来，为农民提供培训、策划、经营、结算、融资等方面的个性化、专业化服务，增强市场竞争力。

四是整合资源，积极探索农村电商销售新模式、新业态。加快地方农产品和土特产品的产品标准体系和产品溯源体系的建设。引导地方企业通过标准化、品牌化建设，提高产品质量和产品附加值。整合地方产品和旅游资源，带动农产品的销售和网络订购。

**（四）休闲乡村建设的电商发展趋势**

大力建设具有广泛性的促进农村电子商务发展的基础设施，鼓励支持各类市场主体创新发展。基于互联网的新型农业产业模式，深入实施电子商务进农村综合示范，加快推进农村流通现代化，进一步为我国农村电商发展指明了方向。

1. 农村跨境电商发展起步

随着"三网融合"、物联网、大数据、云计算等创新技术的广泛使用，涉农电商规模将向多样化发展，与智能农业、智能流通、智能消费连接成一个有机的整体，涉农电商服务环境日趋改善。同时，农产品跨境电子交易将发挥越来越重要的作用。跨境电子商务将从沿海向内地拓展，从城市向农村渗透，国际化将成为更多农村电商的重要选择。

### 2. 农村电商服务环境日趋改善

各类专业服务商开始进入农村，提供货源供给、仓储、摄影摄像、图片处理、网店装修代运营、策划运营、融资理财、支付、品牌推广与管理咨询、人才培训、物流、法律等一系列服务，各类主流电商模式如 B2B 模式、B2C 模式、C2C 模式、C2B 模式、O2O 模式以及微电商、跨境电商等在涉农电子商务领域全面涌现。

### 3. 农村电商产业链不断延伸

为了避免同质化竞争，一些涉农电商企业开始拓展产业链，从零售商转为分销商，从单纯的渠道商转为品牌商，从原材料采购到设计，寻找生产厂家代工，最后将货品分销给其他小型网商，逐步建立以品牌商、批发商、零售商为主体的电商纵向产业链层级。

从农村电商产业延伸到农业本身，注意整合农产品供应链，包括采购、仓储、包装、物流、运输、配送、售后等；进一步整合产业链，从农产品的选地、选种、播种、施肥、灌溉、收获一直延伸到餐桌。产业链整合、重资产经营将会成为往后农产品电商发展的方向。

### 4. 农村电商线上线下融合趋势

农产品批发市场将发挥线下实体店的物流、服务、体验等优势，推动实体与网络市场融合发展，实现线下实体市场的转型。线上线下融合发展的趋势，成为农村产业经济发展的主流方向，也为农村经济发展注入新的活力。

### 5. 农村电子商务推动农旅结合

农村电子商务与旅游产业的结合正在使农村地区的青山绿水变为金山银山，旅游业发展带动了电商向本地化发展，从游客的"吃、住、行、游、购、娱"六大体验出发，借助电商平台在更大范围内整合配置资源，打造符合当地特色的精品旅游产品，旅游和电商之间相互促进、协同发展，将为农村发展带来更多火花。未来，以农产品为好的推手，以旅游为增收方向的农业产业与乡村旅游的结合趋势将进一步加强。

# 第五章 全域旅游视角下的乡村旅游产业发展

## 第一节 乡村旅游营销

乡村旅游是一种特殊的产品，首先，从产品的角度利用市场营销学理论中的整体产品概念来阐述乡村旅游产品概念，通过这个概念的界定，从不同的层次来把握乡村旅游的概念；其次，利用发展的观点探讨生命周期的理论，运用纵向发展的观点，来把握乡村旅游不同时间阶段的发展特征与方向；最后，村旅游产品本身有了一个初步的认知后，再站在消费者的角度去了解消费皆需求发展理论的相关内容，研究其需求的发展变化趋势，研究如何把乡村旅游产品的开发、经营与消费者需求两者进行对接。

### 一、产品整体概念

能够提供给市场以满足欲望和需要的任何东西都是产品。顾客如何评判一件产品的好坏往往包含 3 个要素：产品特色和质量、服务组合和质量、价格。

从 5 个方面对整体产品概念进行了界定，其中包括核心产品、形式产品、期望产品、延伸产品和潜在产品。

旅游界研究学者把产品整体概念引入旅游产品研究中来，整体旅游产品构成主要包括可进入性、设施、服务和吸引物 4 个方面。

对于旅游产品的层次界定，把旅游产品分为 3 个层次，包括核心产品、形式产品以及延伸产品。核心产品，强调将由消费者提供的直接、基本的使用价值，主要指旅游产品的 6 大构成要素，具体地说就是吃、住、行、游、购、娱。形式产品，也就是核心产品借以实现的形式，根据市场营销的观点和发展实践来看，产品的竞争更多地集中在形式产品的竞争和附加产品的竞争中。在旅游产品中，形式产品主要包括旅游产品所提供的品质、形态、商标、价格、旅游类型等。延伸产品主要指购买者在售前、售中和售后过程中所得到的附加服务和利益。

旅游产品的分类也可以从供给与需求两个角度考虑，从旅游产品的供给层面来界定，可以认为旅游产品是旅游经营者借助一定的旅游吸引物和基础旅游设施，向旅游者提供的全部服务，可以简单地总结为有形的产品加无形的服务。从旅游者的角度来界定，可以认为旅游产品是游客花费了一定的成本，所换取的一次经历或者体验，其中成本包含经济成本、时间成本和体力成本，游客的体验或者经历时以简单地分为物质层面的满足和精神层面的满足。

### 二、旅游目的地生命周期理论

旅游产品以及旅游目的地都具有一定的发展周期与阶段，同时整个社会环境不断发生着变化，竞争环境发生变化，消费者的需求也在发生变化，也就是说，人们是处在一个动态的发展和不断变化的大环境里，如何正确地认识旅游产品以及旅游目的地的生命周期，将会对动态的把握旅游业的发展具有重要意义。

生命周期理论引入旅游学界后，在国内关于旅游产品生命周期理论和旅游地生命周期理论，是存在着分歧的。

旅游产品生命周期理论模型，借鉴了市场营销有关产品生命周期理论的构建，主要包含导入期、成长期、成熟期和衰退期4个阶段。产品生命周期理论，阐述一个研究对象，从无到有、从小到大、继而繁荣最后衰退的一个相对完整的运动过程。产品生命周期理论以动态发展的观点来研究市场现象。在应用范围方面，小到一个产品、一组产品组合、一个企业等，大到一个行业、一个区域都可以借用该理论。

旅游地生命周期理论模型分为 7 个阶段,分别是探索、起步、发展、稳固、停滞、衰落、复兴。

伴随着旅游业态的发展变化,旅游产品概念所包含的内涵与外延在逐步扩大,旅游产品从概念界定上也包含着不同的体系。因此,在某种意义上可以对旅游地与旅游产品两个概念,不做具体的差异化分析。

### 三、消费者需求发展理论

在旅游的概念界定中,有一种发展趋势,从关注消费者的行为到关注消费者行为背后的需求与动机,即消费的需求发展理论研究,主要借鉴亚伯拉罕·马斯洛(Abraham Maslow)的需求层次理论来探讨乡村旅游消费需求的类型。

马斯洛提出,人有一系列复杂的需要,按其优先次序可以排成梯式的层次,马斯洛认为人有 5 个层次的需要:生理需要,安全需要,归属与爱的需要,尊重需要,自我实现需要。这 5 个层次的需要,是一个由低到高逐级形成并逐级得以满足的。依据马斯洛的需要层次理论以及弗雷德里克·赫茨伯格(Fredrick Herzberg)的双因素理论进行市场开发与员工激励有很多的有效实证。在旅游市场中,针对企业的奖励旅游就是非常典型的激励理论与需求层次理论的结合运用。

在进行乡村旅游规划与战略布局前,有一个非常关键的基础工作就是基于消费者需求的市场分析。

以旅游驱动因素为研究对象,研究其随时间的变化而发展的过程。旅游的驱动因素分为 3 种类型:满足需求、创造特色和自我发展,以这 3 种类型为节点,对应了人类 4 种在需求上的诉求状态:必需、想要、占有和成为。

## 四、移动互联网环境下的乡村旅游营销

### （一）强化政府引导

在乡村旅游行业强劲的发展态势下，应以政府部门来促进行业发展，政府支持和引导乡村智慧旅游策略，构建多元化的乡村旅游服务体系，以政府、旅游业协作为主，建立监督流程，让旅游产业积极参与，形成政府协会引导，积极开展有计划的乡村旅游智慧化管理活动。当地公安部门、卫生部门、工商部门、交通部门、质检等部门联合起来，共同开展乡村旅游营销活动，形成科学决策，注重对乡村旅游行业工作人员的专业指导，支持地方乡村旅游产业的现代化发展，将固定管理改为过程管理，加强过程监督，从而深化政府部门在乡村旅游营销中的指导功能。加快推进乡村旅游发展，尊重政府部门的指导意见，明确"创新、协调、绿色、开放、共享"的发展理念，强化政府部门的协调职能，充分借助现有资源，大力发展田园风光、风俗民情、乡土文化等旅游项目，发挥旅游景点的综合性优势，使其带动地区经济发展，由此成为农村特色经济发展的绿色产业，促进农民增收。政府部门联合旅游机构，积极打造地方特色化乡村旅游聚集区，加大对乡村风情小镇、旅游特色村的培育力度，稳步推进美丽农村建设，成功构建乡村休闲度假旅游目的地。

### （二）重新定位旅游市场

在移动互联网环境下，乡村旅游行业面临巨大的竞争压力，规范乡村旅游者行为，重新定位乡村旅游营销工作，关注受众的主要行为，借助媒介力量，大力发展乡村旅游项目。积极分析乡村旅游的整体发展思路，体现乡村散客旅游者的个性化，为游客积极提供有地方特色的乡村旅游产品，互联网和计算机的普及，积极搜寻相应的旅游信息，合理安排旅游项目，给予游客个性化的体验，使得游客自由地享受更为自由、舒适的旅游方式。重新定位乡村旅游者信息搜寻工作，保

证乡村旅游信息的实时分享，为游客搜寻他们想要的旅游信息，在此基础上，利用搜索引擎，快速、精确地找到搜寻结果，准确地定位乡村旅游服务。

### （三）积极拓展营销渠道

大力宣传旅游产品，在产品多样化的时代，扩大市场影响力，根据乡村旅游具体情况，以有效措施树立旅游品牌，并加大对乡村旅游特色产品的宣传力度，借助互联网来推广旅游产品，形成多渠道的乡村旅游营销路径。开展保护生态环境、宣扬乡村旅游文化的活动，拉近消费群体与旅游产品的距离，积极宣传旅游文化，提高消费者对乡村旅游产品的理解和掌握。形成一体化的乡村旅游营销链条，规范旅游产品的营销行为，以媒介力量提高旅游产品销售量。从游客需求角度出发，分析游客存在的潜在消费行为，借助高端的旅游产品激发游客的兴奋点，如构建乡村旅游民风度假村、特色小吃街、地域特色小吃街，大力开发旅游产业，为游客提供新颖、创新的乡村旅游项目。紧跟时代步伐，游客自由地欣赏田园风光，在大自然中感受地域山水、特色小吃的魅力，回归自然、更多地体验乡村生活。

## 第二节　乡村旅游产业融合发展

### 一、乡村旅游产业融合概念

乡村旅游产业融合为从属于旅游产业融合的一个分支，乡村旅游产业在具有旅游产业的共性的同时，因其特点又承担了除发展经济作用以外的社会效用、文化效用以及环境效用等。因此，有必要对乡村旅游产业融合的概念与特点进行分析。

在产业融合的类型中，发生在产业边界之内的融合是虚假的融合。旅游产业本身的延展性极强，产业边界模糊，时间跨度大，涉及空间范围广。因此，旅游产业作为一种具体产业的特殊性，用跨产业之间的融合来界定概念失之偏颇。从旅游产业融合所涉及的内容与方向来看，融合有宏观、中观、微观之分，或者直白地称为"大、中、小三种不同层面的融合"。

小融合是指在市场需求的引导下，旅游业在其产业链内部不同环节进行融合；中融合是指在效益提升的引导下，旅游业与其他某一个具体行业的相互吸收与相互影响，使两个行业都得到益处；大融合是指以产业一体化为指导，旅游产业为引线，将主导产业联系起来，带动次要产业的发展，进而促进本地区经济发展。也就是利用旅游产业边界的模糊性，与不同的产业进行融合。

只有大融合，才可以站在战略发展的高度，对一个区域范围进行整体布局、规划。以长远的目光对待产业布局，可以发挥旅游产业的积极带动性。实现乡村产业集聚发展，形成产业一体化、多功能的布局。

### 二、旅游产业融合模式

基于旅游产业融合的概念模型，可以分为旅游产业主动融合、被动融合和互动融合3种模式，并选择旅游产业与信息产业、文化和农业产业的融合作为研究对象，对以上3种旅游产业融合模式理论在实践中的应用进行了论证。

### 三、创新理论

创新就是生产要素的重新结合。创新是产业发展的原动力，是内在因素，因为创新带来的结果的双面性，被看作产业发展的创造性毁灭过程。

创新理论以创新思想为核心内容，用于指导乡村旅游发展实践。乡村旅游的发展本身源于创新，源于不同吸引力的旅游资源的开发。乡村旅游不同产品形式的开发，就是基于不同产业部门之间的融合、打破、再造，这本身就是一种产业创新。

### 四、和谐发展

和谐发展就是根据社会—生态系统的特性和演替动力，社会发展规律和自然法则，利用系统自身控制规律和现代科学技术，积极协调社会关系和生态关系，合理分配资源，积极实现生物圈的稳定和繁荣。

我国乡村旅游的和谐发展为第一产业和第三产业的融合找到一个极为重要的切入点，这对于实现缩小城乡差距和平衡城乡发展有着重要作用。

乡村旅游是我国社会主义新农村建设、构建社会主义和谐社会的重要途径与内容。

某市的乡村旅游以以下几个方面为发展方向。第一，促进乡村旅游经营向可持续方向推进，政策积极引进先进管理模式与理念、发挥引导和全局规划的功能。第二，鼓励社区全民参与，投身于景区管理、开发以及运营当中，实现社区与景区合作共赢。第三，保护原始生态环境、乡风民俗等，实现城乡和谐发展。第四，加快第一产业、第二产业、第三产业和地域整合，促进区域经济和谐发展。第五，各具特色，实现"互补、协作"的和谐格局。

# 第三节 特色城镇美丽乡村依托型全域旅游发展

## 一、特色城镇美丽乡村依托型全域旅游理论概述

### （一）特色城镇美丽乡村依托型全域旅游概念

特色城镇美丽乡村依托型的全域旅游是指有特色文化、特色风貌、特色业态等支撑，旅游引领风情小镇发展，是就地现代化、就地城镇化的全域旅游新模式。

### （二）特色城镇美丽乡村依托型全域旅游的特点

1. 资源独特性

特色城镇美丽乡村依托型旅游目的地拥有独特的乡村环境和乡村生活，这些对城市旅游者来说，乡村中所依托的山、水、田、林、人为配以的野趣浓郁的建筑设施和活动项目（如草舍、篱笆、戏水、攀岩、狩猎等）构成一幅悠悠古韵、浓浓乡情的田园画卷，这些都是具有极强吸引力的独特的旅游资源。其实，这些旅游资源也就是村民的生活和环境，旅游者需要通过在当地生活、观察和参与来感受城市与乡村的不同因此，旅游者在当地是短暂生活的村民身份，与一般旅游活动中旅游者始终以一种外人的身份和姿态出现在当地社会和居民生活中有所不同，传统旅游在追求经济效益时一直把注意力放在旅游景观吸引力的挖掘上，而乡村旅游提供给旅游者的就是一种完全的乡村的生活。

2. 市场定式性

这里的定式性有两方面含义。一方面，特色城镇美丽乡村依托型全域旅游目的地以农业为载体，为旅游者提供休闲、娱乐、游赏等旅游功能，其目标客源市场只能定位于有别于乡村的大中城市（特别是高度商业化的大都市），客源是那些对农村及农村景观不太了解的城市居民。另一方面，近年来我国国内旅游的发展形

势决定了乡村旅游的目标客源是国内游客。入境旅游者的旅游活动以传统热点旅游城市的观光旅游为主,对于特色城镇美丽乡村依托型旅游地的这种特种旅游,由于起步相对较晚、发展相对不成熟,与西方发达国家相比还有很大差距,再加之旅游时间的限制,海外游客很难到一些正在开发或已开发但尚未成熟的偏远山村或郊区进行旅游。因此,入境旅游者成为我国特色城镇美丽乡村依托型全域旅游的主要客源对象的条件尚未完全具备。

3. 旅游产品的体验性与文化性

体验性是乡村旅游的一个重要特征,也是全域旅游发展的要求,特色城镇美丽乡村依托型全域旅游在发展过程中需要增加游客参与乡村生活、生产的某一过程,通过观察、模仿、习作获得成就感、满足感、自豪感。另外,乡村中所具有特色旅游精神,可以在打造旅游美丽乡村时,从而造就此种全域旅游目的地的旅游吸引力。所以说,自然原生性的乡村传统文化将是特色城镇美丽乡村依托型全域旅游活动的最大特点和卖点。

4. 社会、经济、生态效益的统一

特色城镇旅游与乡村旅游是社区参与旅游开发的重要形式,它能从根本上增加农民的收入,提供更多的农村就业机会,有利于农村产业结构的调整;同时通过特色城镇美丽乡村依托型全域旅游的开发建设,能够加速乡村非农化进程,增强农民的环保意识,促进乡村城镇化发展,最终实现乡村经济、社会可持续发展的目标。生态旅游是具有强烈环境保护意识的一种旅游开发方式,乡村旅游作为生态旅游活动的一种具体形式,在旅游活动的内容、接待服务的各个环节上体现了环境保护的意识和要求,因而具有显著的生态效益。

## 二、特色城镇美丽乡村依托型全域旅游发展对策

### （一）领导重视，政府引领

特色城镇美丽乡村依托型全域旅游目的地一般拥有特色文化、特色风貌支撑，但当地经济一般不发达，处于远离城市的乡镇，纵观全域旅游发展较好的乡镇当地政府都能够清楚地认识到旅游业的带动作用对城乡统筹发展、改变区域生态环境、促进地方经济收入有着一定的推动作用，因此，比较重视旅游的发展，积极为旅游发展创造各项便利条件，积极发展旅游业帮助当地农民就业，并帮助农民脱贫致富。

政府主导的主导方式较以前要有所转变，从重视旅游项目开发到重视旅游产业培育；从主导旅游招商引资到主导社会环境和公共设施的旅游化改造，再到旅游设施的配套化建设和特色化、人性化提升；引导相关产业向旅游产业集聚和融合，打造完善的旅游产业链和多业交融的综合性旅游产业体，协调全域旅游管理体制，拓展旅游业态、延长旅游产业链。

### （二）旅游相关设施的完善

乡镇内远离闹市，基础设施、公共服务设施相对比较落后，要做到全域旅游中游客满意度的提升，就要狠抓乡镇内旅游相关设施的服务质量，旅游相关的设施包括饭店宾馆、旅游交通、旅游标识、景区厕所等，这些设施直接关系游客对旅行安全、方便、舒适的体验，是特色城镇美丽乡村依托制全域旅游发展中最基本的部分公共服务体系建设是影响全域旅游质量的重要条件，创建全域式的旅游公共服务体系尤为重要，全域旅游的基本特征是要求旅游目的地必须建立完善的公共服务体系，覆盖游客行前、行中和行后全过程，对全域内的旅游要素实现无边界整合。对交通、安全及吃住行游购娱消费等环节进行全网优化，实时更新。全域旅游公共服务体系不仅是为了给游客提供优质服务，而且应充分考虑本地居民

的休闲需求，能调动社会参与的积极性，全域旅游的公共服务体系更是当地居民与游客和谐共享的高品质生活空间。

### （三）因地制宜，突出特色

全域旅游的理念是，让"一村一舍""一山一水""一草一木"都成为风景，让"人在画中行，车在景中游"。首先，要求以环境保护为核心原则，以保留乡村的"原真性"为使命。规划单位应在"原乡"规划的理念下，规划景区景点；开发商在景区、景点建设时，应尽量保持当地资源的原有风貌；政府应注重对公众环保意识的培养，加强对企业的监督，加大对环境污染的惩治力度，提倡居民使用新能源。其次，要求对所有的服务设施进行旅游化功能改造。每一座建筑、工厂、学校等基础设施建设都要考虑它的景观性，尽力做到全景域。最后，用"绿水青山"的理念打造特色城镇，用"乡村驿站"的理念打造美丽农村，尊重自然，挖掘特色。

### （四）广纳人才，鼓励创业

在"绿水青山就是金山银山"的当下，特色城镇美丽乡村拥有得天独厚的旅游资源。挖掘旅游金矿的同时，还要在人与景的关系层面进行革新，用智慧的顶层设计充分集成、全面提升。在推进特色城镇美丽乡村依托型全域旅游建设中，存在非常严重的缺乏人才问题，解决这一问题，除了充分利用本地的"斜杠人才"（一个人选择一种能够拥有多重职业和多重身份的多元生活，这种人在名片上用斜杠来区分自己不同的职业），还需要吸引全国的各界旅游人参与特色城镇美丽乡村依托型全域旅游的建设，在这样的思维模式下，全域旅游的发展可以努力实现两个转换，一是从重视做景观到重视展心意的转换；二是从重视当下服务到思考未来提升的转换。

## （五）市场推进，全域营销

特色城镇美丽乡村依托型全域旅游发展应该围绕旅游目的地进行整合营销，从旅游战略观念上进行根本性的转变，对外整合营销，树立旅游品牌，对内打造精品旅游项目。全域营销是一个地区提高知名度，发展旅游的重要环节。全域旅游目的地拥有独特的资源特色，旅游市场引爆力强，充分发挥景区特色产品强大的市场号召力，并与全域内其他旅游资源整合进行全域营销，能够很好地增强全域旅游营销内容的厚度，提升全域旅游的内涵。全域营销指通过影视剧、旅游宣传片、宣传手册、标识图等的制作，利用传统的电视、报纸、互联网、展销会、推介会及新型的自媒体社交软件等宣传方法，进行全方位、多渠道、大密度的宣传推广，是一种全媒体营销，也是特色城镇美丽乡村依托型全域旅游推进中重要的一个环节。

## 第四节　全域旅游视角下乡村旅游产业发展模式

### 一、乡村旅游产业发展模式概述

乡村旅游在国外可追溯到 19 世纪工业革命时期，但乡村旅游的大规模开展却是在 20 世纪 80 年代以后，欧美发达国家的乡村旅游已具有相当规模，开发模式多样化，显示出现代乡村旅游文化的极强生命力和发展潜力。

20 世纪 80 年代初，国内乡村旅游开始普遍发展，主要推动力由政府转向市场，在城市周边和景区周围形成依托型乡村旅游，以农户独立经营为主要模式。20 世纪 90 年代，由于受到政府和市场的双重推动作用，国内乡村旅游进入快速发展阶段，依托于景区、城市、高科技农业、度假、休闲、科普等，形成多种经营模式并存的发展局面，随着乡村旅游在全国范围的迅速开展，国内学者对乡村旅游的研究越来越多，并且取得了一定的成果，特别是在乡村旅游发展模式方面。鉴于此，我们要从不同方面对乡村旅游发展模式进行概述，旨在推广先进的、成功的发展模式经验，以期促进中国乡村旅游的全面、快速、可持续发展。

### 二、民俗风情型发展模式

#### （一）发展背景

民俗风情乡村旅游具有文化的原生性、参与性、质朴性及浓郁的民俗风情的特点，独具一格的民族民俗、建筑风格、饮食习惯、服饰特色、农业景观和农事活动等，都为民俗旅游提供了很大的发展空间。我国民俗旅游开发资源基础丰富，特点鲜明，区域性和民族个性较强，发展优势明显。同时由于投资少、见效快，逐渐成为少数民族聚集区经济发展中新的增长点和旅游亮点，得到当地政府的大力支持，也受到国内外旅游者的推崇。但随着民俗旅游的蓬勃发展，民俗文化在旅游中受到了一定的冲击，面对民俗文化保护和旅游开发的矛盾以及当地居民与旅游经济的博弈，民俗依托型乡村旅游未来应该如何发展？如何实现利益共享？寻找发展平衡点对于推动我国乡村旅游发展具有积极的实践意义。

民俗风情旅游是一种高层次的文化旅游，主要包括物质风俗、社会组织风俗、节庆风俗、人生仪礼和精神文化民俗5个部分，由于它满足了游客"求新、求异、求知"的心理需求，已经成为旅游行为和旅游开发的重要内容之一。乡村民俗文化旅游是以乡村民俗、乡村民族风情以及传统民族文化为主题，是将乡村旅游与文化旅游紧密结合的旅游类型。它有助于深度挖掘乡村旅游产品的文化内涵，满足游客文化旅游需求，提升旅游产品档次。

无论是发达国家还是发展中国家，民俗旅游均已蓬勃发展。例如，科特迪瓦利用其独特精巧的人造面具表现其传统文化，举办全国舞蹈节发展民俗旅游；突尼斯凭借本国土著居民的村落古迹、山洞住宅、民族服饰和车马游玩等民俗文化成为非洲和阿拉伯国家中的旅游大国。近几年我国的民俗文化旅游事业也取得了很大进步，以民俗文化作为旅游项目逐步树立了自己的品牌形象，各地旅游部门都在大力挖掘本地区的民俗文化资源，使之成为新的经济增长点，民俗风情游、古民居游等具有民族民间文化特色的旅游项目发展迅速，如山西黄河民俗游、云南昆明民族村、内蒙古草原风情游、新疆民俗游等。

**（二）主要特征**

1. 历史性

历史性是民俗发展在时间下，或特定时代里显示出的外部特征。这个特征也可以叫作"时代标志的特征"。因为这种特征是在民俗发展的特定历史中构成的，所以叫作"历史性"。以发式习俗为例，全蓄发、簪发为髻置于头顶，这是明代男发式；前顶剃光，后脑梳单辫，是清代男发式；分发、背发、平头、剃光是辛亥革命后的男发式，直至今日。这便展示出几百年间发展的历史特征。同样，服饰习俗中的长衫、马褂、圆顶瓜皮小帽，正是当时旧中国一般商人、乡绅的男装，中华人民共和国成立后迅速淘汰了。但是，即使是整个封建时期，由于改朝换代、民族交往、生产发展等政治、经济因素的影响，各个阶段也会显示出不同的历史特点。

2. 地方性

地方性是民俗在空间上所显示出的特征。这种特征也可以叫作"地理特征"或"乡土特征"。因为这个特征是在民俗的地域环境中形成并显示出来的。俗语说的"十里不同风，百里不同俗"。民俗的地方性具有十分普遍的意义，无论哪一类民俗现象都会受到一定地域的生产、生活条件和地缘关系的制约，都不同程度地染上了地方色彩。民俗地方性特征的形成是与各地区的自然资源、生产发展及社会风尚传统的独特性有关的。

3. 传承性

传承性是民俗发展过程中显示出的具有运动规律性的特征。这个特征对民俗事象的存在和发展来说，应当说是一个主要特征，它具有普遍性民俗的传承性在人类文化发展过程中，呈现出一种极大的不平衡状态。在文化发展条件充分的民族、地区，这种传承性往往处于活跃状态，也就是在继承发展中显示了这种传承性；相反，在文化发展条件不充分，甚至文化发展处于停滞、落后的民族、地区，这种传承性往往也处于休眠状态，也就是以它固有的因袭保守形式显示了这种传承性。因此，城镇习俗的继承发展较为明显，偏僻村寨习俗的因循守旧异常突出。在当代民俗调查中，传统节日在城镇习俗中远不如村寨习俗更具古朴色彩。

4. 变异性

变异性是在与传承性密切相联系、相适应的民俗发展过程中显示出的特征。它同时又与历史性、地方性特征有着千丝万缕的联系，标志着民俗事象在不同历史、不同地区的流传所出现的种种变化，换句话说，民俗的传承性，绝不可以理解为原封不动地代代照搬，恰恰是随着历史的变迁、不同地区的传播，从内容到形式或多或少有些变化，有时甚至是剧烈的变化。那些在民俗中访古、考古寻觅遗留物的做法是不可取的，对发展人类文化、推陈出新无大补益。只有既研究其继承，又关注其发展变化，才有助于人类社会的进步。

## 三、农村庄园型发展模式

### （一）发展背景

农村庄园模式以产业化程度极高的优势农业产业为依托，通过拓展农业观光、休闲、度假和体验等功能，开发"农业＋旅游"产品组合，带动农副产品加工、餐饮服务等相关产业发展，促使农业向第二产业、第三产业延伸，实现农业与旅游业的协同发展。农村庄园模式适用于农业产业规模效益显著的地区，以特色农业的大地景观、加工工艺和产品体验作为旅游吸引物，开发观光、休闲、体验等旅游产品，带动餐饮、住宿、购物、娱乐等产业的延伸，产生强大的产业经济协同效应。

庄园是欧洲中世纪中叶出现的一种以家庭为单位生产经营农业的组织形式，它和传统农业的区别是专业性强、集约化生产、大规模作业。后来逐渐发展成一种家庭式的产业，并多与休闲旅游度假相结合。庄园模式作为一种集约化经营管理，并且能够在短时间内聚集大量闲散资金用于农业开发的组织形式，若能规范管理和健康发展，则其的确能够成为一种迅速促进农业发展，同时带动旅游业、农产品加工业及其他行业发展的新的组织形式。在传统农业的劣势逐步凸显的当下，庄园旅游以"1＋3"产业模式，很好地结合农业与旅游，为未来农业发展摸索到一条新路子。

## （二）主要特征

### 1. "农 + 非"的土地运作模式

农村庄园的开发，其占用的土地开发后根据功能可分为两类，即非农业用地和农业用地。非农业用地一般为庄园的建设用地，住宿、服务等设施或是休闲活动场所用地；农业用地则为庄园的农业生产用地、农业展示用地等。非农业用地的土地来源主要为本地区一些可利用的荒山荒坡、可开发的沙荒地等。庄园投资者通过租赁农村集体所有的这类土地，获得开发和经营权，农村集体则利用这些租金进行农村公共服务设施的建设。农民和庄园投资者在协商一致的基础上签订租赁合同或股份受益凭证，将农村土地的承包权和使用权进行分离，这是使农村土地产权多元化的一种有效形式。

### 2. 多元化收益形式

农村庄园是劳动联合与资本联合的复合体，只要经营得当，农民和庄园投资者均可获得可观的收益，实现双赢。对于农民而言，将土地租赁给庄园投资者可以获得租金，以土地入股可以获得分红，在庄园内进行服务工作可以得到固定的工资，参与管理农业生产还可以获得管理费用以及少量的农业收益。对于庄园投资者而言，可以得到绝大部分的农业收益，以及由观光农业所带来的相关旅游收益，如旅游住宿、餐饮、娱乐活动、购物消费等。如果将土地分块转租给他人进行农业体验活动，如市民租种小块庄园农业用地，自己种植自己采摘等，还可以得到土地的租金。

### 3. 区位选择优越

庄园布点应该与外部交通有较好的联系，方便游客到达，但并不一定位于交通主干道的旁边，以减少过境交通对度假休闲的干扰，通常以距离大都市车程保持在 1 ～ 2 小时为宜。

4. 旅游设计合理

第一，游憩地规模大，综合服务功能强。大农场建立在大都市旅游圈的远郊旅游带，环境优良，乡村气息浓厚，是都市居民逃离强大都市压力生活，前往休闲度假放松心情的理想场所。第二，体现当地的文化气息。第三，开展农业教育，建立农业解说系统。

## 四、景区依托型发展模式

### （一）发展背景

成熟景区巨大的地核吸引力为区域旅游在资源和市场方面带来发展契机，周边的乡村地区借助这一优势，往往成为乡村旅游优先发展区。鉴于景区周边乡村发展旅游业时受景区影响较大，我们将此类旅游发展归类为景区依托型。乡村目睹了景区开发、发展历程，易形成较强的旅游服务意识，为旅游发展提供了相对较好的基础。同时，发展景区依托型乡村旅游既有乡村自身经济发展的主观需要，又有景区开放化、休闲化的客观需要。近年来，我国"黄金周"的景区拥堵现象充分暴露出封闭型景区的弊端，景区与周边区域配套发展成为必然趋势。

综上所述，景区依托型乡村旅游发展模式是在乡村自身发展需求和核心景区休闲化发展需求的共同推动下，景区周边乡村探索出来的旅游发展模式。风景名胜区优美的自然景观和厚重的历史层次，携手周边恬淡的田园风情，实现了乡村和景区的携手共赢，带动了区域的"大旅游"发展。

### （二）主要特征

景区依托型乡村旅游指在成熟景区的边缘，以景区为核心，依托景区的客源和乡村特有的旅游资源发展起来的乡村旅游活动。

1. 区位优越，共享风景

景区依托型乡村旅游由于临近成熟景区的辐射圈，在地理区位上有显著优势，为乡村旅游发展提供了地域上的可能性。成熟景区拥有相对较好的交通条件，而乡村与景区构建起交通联系后，形成良好的旅游通达性。而且文化、环境、旅游线路等区域上的一致性，也使乡村与景区之间更容易达成一体化发展。

2. 市场优越，客流集聚

乡村的农家菜、农家院等农家乐特色可以承担景区的部分服务接待功能，成为景区天然的后方配套旅游服务区。依托景区的人气和客流，乡村成为天然的游客集聚地，并在发展中逐渐拥有自己市场的顾客群，为乡村旅游开发提供市场前提。

3. 资源优越，互补发展

同区域旅游发展一个重要的内容就是"互助"和"求异"，乡村在生态风光和文化渊源上与初始景区具有一定的延续性，但是其主要方向是田园风，又与景区的发展特色具有方向上的差异，因此其发展是对景区旅游产品功能的有机补偿，与初始景区形成差异化互补发展的格局。

### 五、度假休闲型发展模式

#### （一）发展背景

休闲度假的乡村旅游在中国还是个新事物，也是一种新的社会生活方式，现在很受关注。目前我国已经到了休闲度假产业发展的一个关键点，所以旅游行业也普遍关注休闲度假问题。

#### （二）主要特征

1. 时间长

典型的是西欧、北欧的度假者，如到泰国的普吉岛，坐着飞机直接抵达，到了那是在海滩上待一个星期，闲到无所事事的程度，这才叫真正的休闲，是非常典型的一种休闲方式。这种休闲方式在国内还没有普遍产生，只是少数人有这样的趋向。处于过渡阶段就意味着国内的休闲在一定意义上、一定时期之内，还是要和观光结合在一起的。

2. 散客和家庭式组织方式

现在休闲度假在方式上主要是散客和家庭式组织方式，而不是观光旅游的团队性组织方式，这对现有旅游企业的经营提出了更高的挑战。自驾车旅游主要就是散客方式，环城市旅游度假带接待的游客中，家庭式也占很大的比重，尤其是在双休日期间。

3. 复游率高

复游，就是我们所说的回头客。度假旅游有一个特点，客人认准了一个度假地，甚至一个度假酒店，其忠诚度就会非常高。如有的德国游客，一生度假可能就只到印度尼西亚的巴厘岛，一辈子去二十次，不去其他地方。因为他们认准了这个地方，觉得熟悉、很亲切，这样外出度假的感觉和家里生活的感觉就能够内在地联系到一起。

4. 指向集中

所谓指向集中是指客人的度假需求非常集中，不仅有对度假目的地选择的集中，还有对度假需求的指向集中。但我们现在很多度假村是度假村的外壳，城市酒店的内容，也就意味着现在的所谓度假村并不了解真正的度假需求，经营和实际的指向集中于这样一个度假与需求消费特点并不完全对应。

5. 度假加观光

这是市场目前的一个比较独特的特点。市场还处于过渡时期，有些时候还必须研究度假加观光的方式。一般来讲，满足周末的需求不存在这个问题，周末基本上是度假加娱乐。可是要满足中假和长假的需求就要有一个适当的度假加观光的模式了，但是这个方式只能是过渡性的，从长远来看基本上是比较单一的度假趋向。

### 6. 文化需求

观光的客人成熟到一定程度会产生度假需求，度假的客人成熟到一定程度就一定会产生文化需求。他们不只是到森林度假区去呼吸新鲜空气，或者去温泉度假区洗个温泉，他们也一定要求这个度假地有文化、有主题、有比较丰富的内涵。如果度假地的经营能够达到文化的层次，那么基本上就算到位了。

## 六、特色产业带动发展模式

### （一）发展背景

近年来，随着人们生活水平的不断提高，旅游休闲成为人们消费的热点。农家乐也随旅游业兴起而呈现，它是以农民利用自家院落以及依傍的田园风光、自然景点，以绿色、环保、低廉的价格吸引市民前来吃、住、游、玩、购的旅游形式。它既是民俗旅游又是生态旅游，是农村经济与旅游经济的结合生活在现代都市的人们最关心的是生态、环保、健康，在工作之余都会选择离开喧闹的市区到郊区，回归自然，体验一种纯朴、天然的生活情趣，这就决定了农家乐旅游不仅是市人追逐的一种时尚，也是一种朝阳产业。人们对精神文化生活需求的范围进一步拓展，层次进一步提升，内容进一步凸显多样性、人性化、个性化特征。现代旅游业作为一种文化生活得到快速发展，并被赋予"文化经历、文化体验、文化传播、文化欣赏"等更为丰富的内涵，满足着人们心理和精神以及多方面自我发展的需求。在这样的大背景下，以"吃农家饭、住农家屋、干农家活、享农家乐"为特色的农家乐旅游得到了市场的广泛认同，引起了社会各界的极大重视和关注。

### （二）主要特征

突出"农"为基本的经营理念，包括农业、农民、农村，其中农民是经营的主体，农家活动是主要内容，乡村是大环境。只有充分利用以上乡村资源，发展以

"农"字为核心的农家乐，才能使其具有"农"味的乡村旅游。

依托"家"为基本的经营单元，农家乐一般应以家庭为单位，利用自家的房屋、土地、产品、人员发展农家旅游，所以，农家乐应体现"家"的形态、"家"的融合、"家"的温馨、"家"的氛围。

提供"乐"为经营的根本目的，农家乐应为游客提供"乐"的产品，它不仅包括打牌、唱歌等，还应包括采摘、垂钓、参与农事和节庆活动，以及农耕文化、民俗风情的展示和欣赏，让游客乐在其中。

迎合大众的心理为经营目标，随着工业的大规模发展，城市雾霾严重，空气质量差，在紧张的工作之余，人们渴望乡村大自然的清新空气，而农家乐可以提供在城市里享受不到的惬意与放松，不需要背起行囊出远门，说走就能走，轻松易实现。

## 七、现代农业展示型发展模式

### （一）发展背景

现代农村的乡村旅游是一个新概念，乡村旅游发源于100多年以前的欧洲，是工业化发展创造的需求。中国现在已经进入工业化中后期，所以中国人对乡村旅游的需求基本上可以界定为一种刚性需求。"望得见山，看得见水，记得住乡愁"，首先是有乡村才能培育乡愁，其次是城市来感应乡村，来激发乡愁几十年的改革开放，工业化城市化，培育现代中国乡村旅游，但是我们和西方发达国家起点不同，基点不同。西方国家的乡村休闲相对发达，也很精致，但是从业者很多是城市里的年轻人，他们是要换一种活法，是为了生活，可是我们中国人搞乡村旅游首先是为了生存，这就是我们的基点和起点。回想我们以前搞的传统乡村旅游，单体规模小，对应市场难；基础设施相对不足，公共服务相对较少；卫生条件难提高，产品供应相对不足；经营项目相对单一，所以最终形成市场效果不佳。当然，因为乡村旅游建设成本低，而且农民的经营基本没有成本概念，收到手里就是利润，这也是乡村旅游的优势，可是如果这一系列的问题，我们不能有针对性地加以解决，恐怕就会演变成比较大的问题。乡村旅游是提高农村人均收入的重要手段，起到促进调整农业经济结构，丰富农业功能，提高产品附加值，增加就业渠道，形成系列服务设施，推动农民观念转化，培育农村市场机制等的综合作用。

### （二）主要特征

#### 1. 城市化

经济发达地区总体已经进入工业化后期阶段，现在的主要问题是理念仍然是工业化中期发展理念，由此形成的情况表现为四个方面。第一，太急。还在强化经济增长率，社会心态也急躁。第二，太挤。人口过多且过度集中，建筑过密。第三，太忙。车流滚滚，人流匆匆。第四，太脏。高碳发展，空气污浊从需求来看，城市一是缺生态，二是缺健康，三是缺人文，四是缺快乐。按照实际生活水平来说，现在比以前不知道高了多少倍，可是幸福指数并没有增长，快乐感觉也没有增加这正是对乡村旅游的长期且持续增长的市场需求。

#### 2. 模糊化

城市化的发展产生一个模糊化的现象，一方面城市化日益扩张，边界逐渐模糊，城区成为核心区，近郊区成为城区，远郊区纳入城市带或城市群；另一方面又形成城中村。这种边界的模糊就产生一些新的概念，如城际乡村、乡村小城、家园一体、休闲发展。美丽中国，美丽自然，美好心态，美好生活，我们需要不断地探讨中国特有的发展模式。

## 八、旅游小城镇型发展模式

### （一）发展背景

广义上来说，旅游小城镇是小城镇的一种类型，但不一定是建制镇，学界对其还没有统一的学术定义，在各地的旅游开发实践中，得出的比较普遍的认识是，旅游小城镇是指依托具有开发价值的旅游资源，提供旅游服务与产品，以休闲产业、旅游业为支撑，拥有较大比例旅游人口的小城镇——它不是行政上的概念，而是一种景区、小镇、度假村相结合的"旅游景区"或"旅游综合体"旅游小城镇对于旅游产业来说，有利于转变旅游业发展思路，创新旅游业发展模式，完善城镇基础设施和旅游接待服务设施建设，构建旅游发展的新载体。在我国 A 级景区中，发展相对成熟的旅游小城镇类景区超过 40 个。这些景区型小镇大多以门票作为其主要的经济来源，以休闲、度假、商业运营来支撑景区发展。但就我国目前的发展形势和发展趋势来看，旅游小城镇的数量要远大于景区型小镇的数量。

**（二）主要特征**

旅游小城镇不同于一般小城镇，具有自身鲜明的特征。从业态结构角度讲，旅游小城镇以旅游服务业、休闲产业为主导从空间形态角度讲，旅游小城镇以休闲聚集为核心，从景观环境上讲，旅游小城镇本身就是一个文化气息浓郁、环境优美的景区。从旅游角度讲，旅游小城镇具备旅游 10 要素——食、住、行、游、购、娱、体、疗、学、悟。从文化角度讲，旅游小城镇是文化旅游的重要载体，城镇风貌及建筑景观体现了一定的文化主题。从城镇化角度讲，旅游小城镇围绕休闲旅游，延伸发展出常住人口及完善的城镇公共服务配套设施。

# 参考文献

［1］董良泉，童涛.旅游开发与区域经济发展研究［M］.北京：中国商业出版社，2021.

［2］王维.乡村休闲旅游业［M］.北京：中国农业出版社，2022.

［3］苟勇，龙芙君，李侠.乡村文化旅游建设与发展［M］.清华大学出版社，2022.

［4］郭凌，臧敦刚.乡村旅游与生态友好型农业的协同发展［M］.北京：社会科学文献出版社，2022.

［5］齐立斌.体旅产业融合发展促进乡村振兴的路径研究［M］.北京：中国社会出版社，2022.

［6］李君.数字化与乡村旅游空间布局［M］.长春：吉林人民出版社，2022.

［7］何瑞铧，朱灵通，廖金锋.乡村振兴背景下环境审计与乡村旅游协同发展研究［M］.北京：中国农业出版社，2022.

［8］高小茹.全域旅游视角下的乡村旅游产业发展研究［M］.北京工业大学出版社，2018.

［9］徐虹，焦彦，张柔然.乡村旅游文化传承与创新开发研究［M］.北京：中国旅游出版社，2021.

［10］崔勇前.新时代乡村旅游发展研究［M］.北京：中国商业出版社，2021.

［11］曹露.黄河流域乡村文化产业发展研究［M］.吉林人民出版社，2021.

［12］张松婷.乡村文化传承与旅游产业创新理论与实践［M］.吉林大学出版社，2021.

［13］邓爱民，龙安娜.乡村旅游可持续发展路径创新与政策协同研究［M］.北京：中国旅游出版社，2021.

［14］陈萍萍.当代乡村旅游产业发展研究［M］.北京：中国纺织出版社，2020.

［15］汪莉霞.乡村旅游开发与产业化发展探究［M］.北京：中国农业出版社，2020.

［16］杨彦峰.乡村旅游：乡村振兴的路径与实践［M］.北京：中国旅游出版社，2020.

［17］邓小海.新时代乡村旅游提质增效［M］.北京：中国书籍出版社，2021.

［18］周丹敏.乡村旅游目的地营销中的政府行为评价研究［M］.南昌：江西高校出版社，2020.

［19］程慧栋，叶闽慎，马德富.区域乡村旅游产业发展与治理［M］.北京：当代中国出版社，2019.

［20］江东芳，吴珂，孙小梅.乡村旅游发展与创新研究［M］.北京：科学技术文献出版社，2019.

［21］鲍黎丝，黄明珠，刘红艳.乡土文化遗产保护与乡村旅游的可持续发展研究［M］.成都：四川大学出版社，2019.

［22］周荣华，谭慧存，杨启智.乡村旅游促进乡村振兴成都农科村实践［M］.成都：电子科技大学出版社，2019.

［23］王昆欣.乡村旅游新业态研究［M］.杭州：浙江大学出版社，2019.

［24］程丛喜.休闲农业与乡村旅游专题研究［M］.武汉：武汉大学出版社，2019.

［25］王颖.美丽乡村旅游产业园发展研究［M］.北京：现代出版社，2018.04.

［26］赵皇根，宋炼钢，陈韬.振兴乡村旅游理论与实践［M］.徐州：中国矿业大学出版社，2018.

［27］刘军林，谭舒月.智慧旅游产业融合发展研究［M］.武汉：华中科技大学出版社，2018.

［28］吕群超.乡村旅游地居民旅游从业行为研究［M］.北京：中国旅游出版社，2018.

［29］王野.基于旅游人类学视角的乡村旅游文化建设研究［M］.成都：四川大学出版社，2018.

［30］韦夷.乡村生态化旅游与农村经济增长研究［M］.吉林出版集团股份有限公司，2018.

［31］张霞，王爱忠，张宏博.生态经济视阈下的乡村旅游开发与管理研究［M］.成都：电子科技大学出版社，2018.

［32］张晶晶.乡村旅游学研究［M］.北京：冶金工业出版社，2018.